ジャーナリズムなき国の、ジャーナリズム論

［編著］
大石泰彦
Yasuhiko Oishi

彩流社

『ジャーナリズムなき国の、ジャーナリズム論』——目次

はしがき——8

問題提起◉「取材の自由」のない国で、いま起きていること
大石泰彦

はじめに——12
1. 取材報道の自由とは何か、ジャーナリズムとは何か——12
2. 取材の自由は保障されているか——15
3. 日本型ジャーナリズム——統治機構の中のアクターとしてのマスメディア——21
4. 統治機構の内部にあることの「素晴らしさ」——24
5. システムの構築と増築——36
6. 「権威主義モデル」のひとつとしての日本——40
7. どこに向かうのか——43
おわりに——49

第1部　ジャーナリズム研究という不幸――ないものを、あるかのごとく

Ⅰ　イデオロギーとしての取材報道の自由――問題提起をうけて――54

西土彰一郎

1．問題提起をうけて――54
2．ジャーナリズムの定義――56
3．戦前の「ジャーナリズム」――57
4．「編集権」に対抗する「国民の知る権利」論――59
5．「国民の知る権利」による報道「機関」の特権化――60
6．放送分野の問題――65
7．「体制維持装置」としてのマスコミ――68
8．誰の、何のための取材報道の自由か――70
9．ジャーナリズムの再生は可能か？――74

Ⅱ　フェイクの時代に「取材の自由」を論ずる虚無と絶望――80

立山紘毅

1．プロとアマとの境界線が崩落した時代――80
2．「ネットメディア」の時代――82
3．デマゴギーが支える民主主義的政治過程――裏切られたネット空間――85
4．反撃する「リベラル」の赤裸々なありよう――88
5．空中分解する「言論表現の自由」と「取材の自由」――96

Ⅲ「ジャーナリストの自由」の不在が意味するもの――100

大石泰彦

1．等閑視されてきた自由――100
2．記者・制作者の自由は？――102
3．フリージャーナリストの自由は？――107
4．「ジャーナリスト」を救出できるか――113

Ⅳ「ジャーナリズム」という日本語のトリセツ
――「マスコミ」の消滅はジャーナリズムの消滅を意味しない――117

木村英昭

1．外向けの顔としての「ジャーナリズム」――117
2．「日記主義」としてのジャーナリズム――119
3．消えた「profession（職能）」――121
4．「劣等なる」ジャーナリズム――122
5．奪われたjournalism――127
6．「モザイク模様」のジャーナリズム界の構築――129
7．「マスコミ」の消滅はジャーナリズムの消滅を意味しない――131

Ⅴ 日本「マスコミ」はジャーナリズムではない――その虚構と擬制の構造――138
花田達朗
1. 制度論の無力から生まれた問いと仮説――138
2. 方法――ある偽装の構造を分析するために――142
3. あってはならないものがある――否定物の存在――143
4. なくてはならないものがない――肯定物の非在――149
5. 実はなかったのに、まるであるかのように――他者への擬制――159
6. 実はあるのに、まるでないかのように――自己への欺瞞――161
7. 結論――日本「マスコミ」に、もはやカモフラージュは必要ない――165

第2部 ジャーナリストという不幸――非在の職業を生きる悲惨と栄光

Ⅰ 記者が総社畜化した時代――176
佐藤光展
1. 記者クラブが諸悪の根源か?――176
2. コンプライアンスの末路――178
3. 「昔はよかった……」――179

4．「誤報」問題のダメージ――181
5．社畜たちの忖度――182
6．若者たちへ……――183

Ⅱ 人材マネジメントの改革なくして未来はない――185
辻和洋
1．「調査報道」への意識の低さ――185
2．記者育成の不備――187
3．歴史と制度――188
4．人材育成の改革――189
5．マネジメントの改革――191

Ⅲ「男磨き」の「マスコミ」を離脱、ワセダクロニクルの創刊へ――194
木村英昭
1．車内で見つけた広告――194
2．「マスコミ」を離脱――196
3．韓国訪問――197
4．ワセダクロニクル創刊――201

Ⅳ 竜宮城からの脱出――210

渡辺周

1．フェイク部数の衝撃――210
2．メッキがはげただけ――211
3．読者に届く前に「祝杯」――212
4．特攻隊員の学生が見抜いていたこと――213
5．足場――214
6．脱出の時――216
7．ワセクロ「五つの約束」――217
8．孤軍奮闘にならないために――219

むすびにかえて――222

はしがき

まずは本書の「目次」をご覧いただきたい。

本書は、共著書によく見られる形式、すなわち、個々の寄稿者が、自らに割り当てられたテーマについて論述し、それらのパーツが集められ、系統的に配置されることによって一つの世界が現れ出る、という形式を採用していない。

本書の形式は、まず冒頭の「問題提起」において、私（編者）が「日本のメディアは、実はジャーナリズムとは無縁の存在なのではないか」というシンプルな問いかけを示し、次に複数のメディア研究者がその問いかけに呼応して自らの認識と評価を披瀝し（第1部）、さらに数名のジャーナリストが実体験に照らしてそれぞれの見方と意見を述べる（第2部）というものである。つまり各章は、それらを順次読み進めることによって徐々に一つの大きな世界が姿を現していく、というふうなものではなく、それらはむしろ（問題提起の補論である第1部Ⅲ章を除いて）、問題提起に呼応して書かれた各共著者からの返信として位置づけられるべきものである。

近時の日本のほとんどのジャーナリズム論は、この国のジャーナリズムがさまざまな「病理」を抱え、自らが果たすべき機能や役割を十全に果たすことができなくなっているさまを描出したうえで、その阻害物（主に政治権力による「抑圧」）を批判するとともに、改善のためのさまざまな「処方箋」「対抗策」を提示してきた。また、ジャーナリズム研究者の中には、それにとどまらず、自らが白衣を着こんだ一人の「医師」となり、「ジャーナリズムを守るために」進んでメディア内部に足を踏み入れて「医療活動」を行おうとする者も見られるようになった。

しかし、本書の「問題提起」は、いまも続いているそのような営みの意義・有効性に強い疑義を呈する。それらは、個々の研究者の「善意」にもかかわらず、無駄であり、人々をミスリードするという意味では有害ですらあったといえよう。なぜなら、日本のメディアは「病気」に罹患しているのではなく、現状は、そこに老衰（自然死）の影は見られるものの、それ自体としてはジャーナリズムとは異なる「ある理念」に基づいて「健全に」機能してきたからである。

だから本書は、そのタイトルや目次を一見しただけの方は、これを「よくあるメディア批判本」とみなすかもしれないが、実は多数刊行されているそうした書籍群とは「対極に位置する」ものといっても過言ではない。もちろん、収載された個々の論稿の中には、具体的なメディア企業、メディア関係者の行動に疑義を呈する部分も含まれている。しかし本書を通読していただければ、本書が何か「加害者」のような存在を探し出してその者を糾弾しようとするものではなく、むしろそのような思考の無意味さ、あるいは有害性を摘出しようとするものであることはお分かりいただけると思う。本書はまた、何かある特定の理念や改革案を提唱しようとするものでもなく、私を含む共著者それぞれの日本マスメディアの理想形は一様ではないこともお断りしておきたい。

本書の問いかけは、すでに述べたように、実にシンプルである。

「この国のメディアにはもともと存在しないもの（ジャーナリズムという理念）を、あたかも存在するように言うことはもうやめませんか？」

編者

問題提起

「取材の自由」のない国で、いま起きていること

大石泰彦

はじめに

これからのお話のテーマは、いま、この国でマスメディアやジャーナリズムを巡ってさまざまな事件や出来事が起きているが、それらをどう総合的に理解するか、ということです。それはメディアの倫理を専門とする私にとっては、自分の研究の核になるテーマであるはずなのですが、にもかかわらずこれまでどうもうまく考えが整理できなかった。いまでも、べつに確たる視点があるとは言えないのですが、今日は、私が近時の状況をどう見ているかをざっくばらんにみなさんにお話して、ご意見をおうかがいしたいと考えています。

1. 取材報道の自由とは何か、ジャーナリズムとは何か

今日、まず私が問いたいのは、タイトルにあるように、「取材報道の自由」とりわけ「取材の自由」がこの国で本当に保障されているのか、ということです。そこで、取材報道の自由とは何か、ジャーナリズムとは何かということを先に述べておきたいと思います。

まず取材報道の自由ですが、これは「主権者である国民の『知る権利』に応えるために、ジャーナリスト、およびマスメディアに認められる職業上の任務遂行の権利」といえるかと思います。簡単に言えば、ジャーナリズム活動の自由が取材報道の自由だということです。

では、ジャーナリズムとは何かというと、これは「世の中の事実（人間の営み）を被治者の視点で観察して、それを整理して問題点を摘示する営み、およびそれを支える理念」であるといえると思います。近代に入って、神

さまがこの世の中を支配しているという考え方から、さまざまな考え方や利害をもつ人間が共存していくのが社会だという考え方に変わっていったとき、社会科学や近代文学とともに、社会と人間とを理解するための枠組みの一つとして生まれたのがジャーナリズムなのです。

このジャーナリズムは、三つの原則によって支えられています。すなわち「専門性」「現場性」「客観性」です。

一つ目の「専門性」ですが、これはジャーナリズムが誰にでもできることではなく、プロとしてのジャーナリストによってのみ実践されうる営みだということです。ジャーナリストは、その職業に必要な知識、技能、倫理を備え、そういった自らの能力に立脚して活動することになります。ジャーナリストに他の専門職である医者や弁護士のような国家資格がないのは、ジャーナリストは権力をウォッチしたり批判したりするのが主な仕事ですから、資格のようなものにはなじまないというだけのことです。資格制度がないからといって、ジャーナリズムはジャーナリストと名乗りさえすれば誰でもできる仕事ではありません。

別の言い方をすると、ジャーナリズムとは、つきつめれば専門職としてのジャーナリスト個人によって担われるべき活動ということになります。それは本来、個人の職業的能力に立脚して、個人の名義で行われるべき活動なのです。いいかえれば、「個の目線」によって世の中の状況や人間の営みを見ていくのが本来のジャーナリズムということになります。

しかし、われわれが把握すべき「社会」なるものは18世紀、19世紀、20世紀と急激に拡張してきたわけで、その拡大と複雑化の過程で、新しい形態、すなわち「組織ジャーナリズム」が生まれてきます。社会が拡大し複雑化すれば、それを捉えるためにはどうしても個人の力だけでは限界があり、それなりの組織が必要になってくるからです。それは必然的なことではあるのですが、しかしその場合、もともとは個人の活動であったはずのジャーナリズムが変質してくる。組織ジャーナリズムにおいては、世の中のさまざまな出来事を構成員が分業し役割分担して伝えるようになるのです。組織の中の個人は、特定の対象物だけを見、観察することが求められるようになる。たとえば、安倍首相だけ、経産省だけを見る、というようなことです。

従って、そこでは個の目線が抑えられてしまいます。そして代わりに「国民の目線」というものが前面に出てくるわけで、いまの新聞やテレビは、社説を見れば一目瞭然ですがそれを高々と掲げています。しかしそうなるとどうなるか。ジャーナリズムはもともと個人によって担われるものだったわけですから、基本的には「少数者志向」のものだったはずです。なぜなら、社会の中で発生するさまざまな問題は、少数者が犠牲になっていることが多いのですから。しかし組織ジャーナリズムは、どうしても「多数者志向」になっていかざるをえません。組織が企業として存在する以上、やっぱり多くの顧客を獲得しなければならない。だから当然そうなります。そして、こういう環境下ではジャーナリストの仕事も本質的な転換、あるいは変質を余儀なくされます。そこではジャーナリストは、「記者」という名の別の仕事になっていくわけです。

二番目は「現場性」です。これはあくまでも事実を見ることから出発して、論理は後から、という行動様式・思考法です。つまり「下から目線」ということです。この点において、社会科学を担う研究者とジャーナリストの仕事は分岐することになります。社会科学者はまず「仮説」を立てて、それを検証していくわけですから。ただ、前述の組織ジャーナリズムの形成、とくにその分業化によってこの現場性も大きく揺らいでいます。

三番目は「客観性」です。間違えられやすいのですが、客観性というのは、「中立性」を意味するのではなく、「非当事者性」を意味する。つまり、ジャーナリストは状況の中のアクターになってはならないということです。しかし、後述する「日本型ジャーナリズム」は、この原則からもかなり逸脱しているように思います。

2．取材の自由は保障されているか

以上の話は、要するにジャーナリズムという固有の、社会にとって必須の営みがあって、その制度的な基盤になるのが取材報道の自由であるということですが、この二つの自由（取材の自由と報道の自由）のうちでより核心的なもの、つまりジャーナリズムにとって真の基盤は何かというと、もちろんそれは取材の自由です。では、メディアやジャーナリストに取材の自由が保障されているというのは、具体的にはどのような状態を指すのでしょうか。

もしそれ、つまり取材の自由が、単に世の中に「落ちている」情報を自由に取得できるということであるならば、そんな自由は誰でも、あたりまえに持っているわけですから、あえて特別の名称をつけたり論じたりする必要はないでしょう。そうだとするとそれは、それ以上のもの、つまり「政府などがメディアやジャーナリストの要求に応えて、その保有する情報を開示し説明しなければならない、あるいは、情報を開示できない場合には、その理由について明確に説明しなければならない義務」ということになるでしょう。もし取材の自由への言及が単なる最高裁の「言葉の綾」ではないのならば、現実にこうした義務が政府に課せられていなければおかしいし、そうでなければ、結局のところ国民主権もマトモなジャーナリズムも決して存立しえないと思われます。しかし、現実はどうでしょうか。

お手元の新聞記事を見てください。ご紹介するのは、２０１７年８月８日、首相官邸での定例記者会見における菅義偉《よしひで》官房長官の発言です（記事１）。菅氏は、加計問題に関する記者の質問にこう返しています。「ここは、質問に答える場所ではない。政府見解の事実に関連して質問していただきたい」。それに対して、記者が「質問に答える場ではない、と言ったら、会見自体が崩壊するのではないか」と反論すると、例によって「それはまったく違うと思いますよ」と答える。これを見る限り、少なくとも官房長官は、記者会見の場を取材の自由が行使される場所とは考えていないようにみえます。また、このような返答に対してさらに強く抗議をしない記者やメディアも、本当にその場所を自ら

朝日新聞 2017年(平成29年)9月24日(日) 13版 総合2

説明責任 政権果たしたか

28日に召集される臨時国会冒頭、安倍晋三首相は衆院解散に踏み切る方針だ。6月、通常国会閉会に際しての記者会見で、首相は森友・加計学園問題について「真摯《しんし》に説明責任を果たしていく」と言明したが、その約束は果たされたか。安倍内閣における説明責任のありようを、「政府のスポークスマン」たる菅義偉官房長官会見を手がかりに考えてみる。 (南彰)

「鉄壁」菅長官 加計問題で変化
「会見 答える場でない」

加計学園の獣医学部新設を巡り、学園幹部が国家戦略特区の申請前から首相官邸で首相秘書官と面会していたことの確認を求める質問に、菅氏はこう答えた。

「ここは質問に答える場所ではない。政府見解を事実に関連して、質問していただきたい」

8月8日の記者会見での話だ。その2日後の会見では、発言の真意が問われた。

――先日、「ここは質問に答える場所ではない」と。記者会見についてどのような認識なのか。

「この場は政府の見解について申し上げるところです。個人的なこと（認識）については、答弁を差し控えたい」

――個人的なことではない。（首相秘書官が）官邸で誰と会ったか、事実関係を聞いていた時に「質問に答える場ではない」と言ったら会見自体が崩壊するのではないか。

「そこは全く違うと思いますよ。どなたかに会ったかということについては答弁していますから」

実際には、政府側は国会で「（誰と会ったか）記憶にない」との答弁を繰り返しており、だれに会ったか答えた事実はなかった。

2012年の第2次安倍内閣発足以来、「全く問題ない」「指摘は全くあたらない」との答えで、質問を一刀両断してきた菅氏の会見は「鉄壁」と呼ばれてきた。ところが、加計問題を契機に変化が生じた。

「総理のご意向」と書かれた文部科学省作成の文書の存在が報道された5月17日の会見では、「全く、怪文書みたいな文書」と言って否定。前川喜平・前文科事務次官らが文書の存在を認めると、「地位に恋々としがみついていた」と前川氏の人格批判を展開した。

これらの発言はいずれも国会で批判を浴びた。

菅氏は、記者の質問が「主観的」だとして答えないこともある。元ニューヨーク・タイムズ東京支局長で、日本の政治とメディアに関する著作があるマーティン・ファクラー氏は菅氏の答弁をこう分析する。

「菅氏が『主観的』と言うのは、トランプ米大統領が『フェイクニュース』と言うのと同じことで、メディアの存在理由そのものを否定するような攻撃だ。ネット時代でメディアの不信感が広がっているところを賢く把握して、『あなたたちは客観的ではない』『反政権的な野党だ』とそのツボを押そうとしている」

菅氏は米国のパウエル元国務長官を手本にしていることを公言している。「彼は『記者は質問する権利がある。わたしは答えない権利がある』と本の中で言っている。それを読んでからものすごく楽になりました」と14年3月のインタビューで明らかにしている。

確かに、パウエル氏の著作「リーダーを目指す人の心得」には「答えたくない質問には答えなくていい」とある。ただ、それに続けて「ウソやごまかしはいけない」とも記してある。

「サービス」か「義務」か
会見への姿勢 過去にも論争

細川護熙内閣で官房長官を務めた武村正義氏は記者会見に臨む際、「記者の背後にいる国民を意識した。『今は答えられません』『答える自信がありません』ということを含めて、できるだけ素直に説明しようとした」と振り返る。

1994年2月、国民福祉税構想を未明の会見で唐突に発表した細川首相に対し、武村氏が同じ日の会見で「『過ちを改めるにしくはなし』という言葉がある」と言ったこともある。

政治権力の説明責任を巡っては、過去にも数々の論争が巻き起こった。

72年の佐藤栄作首相の退任会見では、佐藤氏が「国民に直接話をしたいんだ」「新聞記者は出て下さい」と発言。反発した記者が退席し、テレビカメラに向かっての「独演」が繰り広げられた。

細川内閣時代の93年には、実質的な最高権力者とされていた与党・新生党の小沢一郎代表幹事（当時）が、報道内容への不満を理由に日本経済新聞と産経新聞の出席を拒否。「記者会見は義務でなくサービスだ」との発言が物議を醸した。新聞、テレビ、通信社の計16社の担当記者が「特定の記者を排除することに反対する」と小沢氏に申し入れ、会見が開かれない状態が2カ月以上続いた。

朝日新聞は社説で「小沢氏の大いなる錯誤」と批判したが、小沢氏は「書かれる側に立った報道、結果に責任をもつ報道」を要求。会見再開の際に小沢氏側と担当記者が交わした合意には「互いの立場を理解、尊重する」が盛り込まれた。

こうした小沢氏の主張に対し、自民党政権で官房長官などを経験した故・加藤紘一氏は「政府、政党にとって記者会見は非常に重大な任務であり義務。議会制民主主義の中ではMUST（絶対に必要）と言っていい」と異論を唱えていた。

最近の安倍官邸の主な記者への説明ぶり

安倍晋三首相 / 菅義偉官房長官

5月17日（記者会見）
加計学園の獣医学部新設をめぐり「総理のご意向」などと書かれた文書について
「全く、怪文書みたいな文書じゃないでしょうか」
「そんな意味不明なものについて、いちいち政府で答えるようなことじゃない」
「お友達人脈だとか、そうした批判は全く当たらない」
↓
1カ月後、政府の再調査で文書の存在を確認

6月19日（記者会見）
「国民の皆様から信頼が得られるよう、冷静に、一つ一つ丁寧に説明する努力を積み重ねていかなければならない」

7月3日（記者会見）
都議選の街頭演説で起きた首相への抗議の受け止めを問われ
「あなたの主観に答えることは控えたい。客観的なことについて、事実に基づいて質問して頂きたい」

8月3日（記者会見）
「いまだに多くの方々の理解が得られていないということについて、真摯（しんし）に受け止めなければならない」

8月8日（記者会見）
首相官邸で首相秘書官と加計学園幹部が面会していたことの説明を求められ
「ここは質問に答える場所ではないと思います」
公文書管理の重要性を説いた自著の内容を問われ
「（誰が書いたか）知りません」

9月12日（記者会見）
森友学園の国有地売却問題で、政府答弁と矛盾する内容の音声データが発覚したことを問われ
「本件については現在、大阪地検において捜査中で、政府としてはコメントすることは控えたい」

記事1

「加計学園の獣医学部新設を巡り、学園幹部が国家戦略特区の申請前から首相官邸で首相秘書官と面会していたことの確認を求める質問に、菅氏はこう答えた。「ここは質問に答える場所ではない。政府見解を事実に関連して、質問していただきたい。」…」
（記事1 「説明責任 政権果たしたか」朝日新聞 2017・9・24 朝刊）

の権利行使の場として認識しているか、かなりあやしいと言わざるをえません。そういえば最近、内閣府や経産省で、記者の締め出しなど厳重な取材制限が敷かれるようになっていて（記事2・3）、これも取材の自由が権利として確立していれば、重大な自由の侵害の問題になるはずなのですが、あまりそういう議論にはなってきません。

　さらに、取材の自由が保障されていれば、官庁や企業が秘かに不

経産省執務室 日中も原則施錠

情報管理の徹底 目的

世耕大臣「取材に負の影響ない」

2017（H.29）2.22（水）A.m

経済産業省は27日から、東京・霞が関の庁舎内の執務室を日中も原則施錠する。従来は来訪者が1階で受け付けした後、訪問先の担当者の自席で面談することがあったが、今後は専用の面談室で応対する。世耕弘成経産相は21日の閣議後会見で「企業情報や通商交渉などの機微情報を扱っており、庁舎管理を強化する」と説明した。

報道関係者にも同様の対応を取るため、庁舎内での取材活動に影響が出る可能性がある。報道への規制や情報公開の後退への懸念について世耕氏は「プレス対応や情報公開は非常に重要。取材対応にマイナスの影響がないようにしたい」とし、「大臣就任後、省内の情報管理を徹底した方がいいという問題意識を持ち、継続的に検討してきた結果だ」と述べた。

中央省庁での来訪客への対応はそれぞれ異なるが、ロビーなどで受け付けをし、担当者が執務室内で対応するケースは珍しくない。

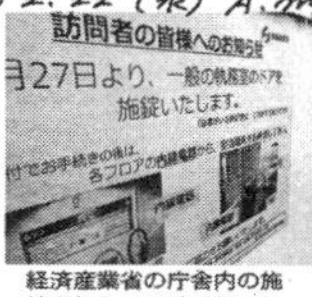

経済産業省の庁舎内の施錠を知らせる貼り紙＝21日午前、東京・霞が関

記事2

「経済産業省は27日から、東京・霞が関の庁舎内の執務室を日中も原則施錠する。従来は来訪者が1階で受け付けした後、訪問先の担当者の自席で面談することがあったが、今後は専用の面談室で応対する。…報道関係者にも同様の対応を取るため、庁舎内での取材活動に影響が出る可能性がある。…」
（記事２　「経産省執務室　日中も原則施錠」朝日新聞 2017・2・22 朝刊）

（第3種郵便物認可）

内閣府の特区担当庁舎

記者の入館制限

2017（H.29）5.31（水）T.m

内閣府が、地方創生推進事務局などが入る永田町合同庁舎（東京都千代田区）で、事前に取材の約束がない記者の入館を制限していることが三十日、分かった。同事務局は安倍晋三首相の友人が理事長を務める学校法人加計《かけ》学園の獣医学部新設を認めた国家戦略特区を担当している。

「加計学園 関係ない」

内閣府会計課によると、従来は顔写真入りの「国会記者証」を提示すれば入館を認めたが、四月十日からは警備員が庁舎入り口で記者に取材の約束があるかどうか確認するよう運用を変更した。約束がない場合は、警備員がその場で取材を希望する部署や担当者に連絡し、対応が可能であれば入館を認めるようにした。会計課は「以前から検討していた庁舎管理の見直しの一環。加計学園の件で取材を制限しようという考えは全くない」と説明している。

内閣府の別の部署が入る近隣の庁舎では、記者クラブがあり、閣僚の記者会見が定期的に開かれるなどの理由で現在でも国会記者証の提示だけで入館できる。

記事3

「内閣府が、地方創生推進事務局などが入る永田町合同庁舎（東京都千代田区）で、事前に取材の約束がない記者の入館を制限していることが30日、分かった。同事務局は安倍晋三首相の友人が理事長を務める学校法人加計学園の獣医学部新設を認めた国家戦略特区を担当している。…」
（記事３　「内閣府の特区担当庁舎　記者の入館制限」東京新聞 2017・5・31 朝刊）

正な、あるいは反社会的な行為に手を染めている場合に、それについての情報をメディアやジャーナリストに提供した組織内部の人物が法的に保護される必要が出てきますが、国は２００４年に公益通報者保護法を制定したにもかかわらず、こうした情報提供には一切保護を与えていません。それどころか、加計学園問題で朝日新聞などが文科省内部から出たと思われる情報を報じると、同省の義家弘介《よしいえひろゆき》副大臣は、こうした行為は「守秘義務違反」であり国家公務員法に違反する疑いがある旨を堂々と公の場で発言し、メディアに対する内部通報、ひいてはメディアの取材活動に露骨な威嚇を行っています（記事４）。

このように見ていくと、やはりメディアやジャーナリストに取材の自由がある、という認識を、少なくともこの国の権力者はもちあわせていないようです。

では、なぜこのようなことになっているのでしょうか。やはり為政者の不見識の問題なのでしょうか。それももちろんあるでしょうが、根本の原因はそれでは

総合3 13版 2017年(平成29年)6月15日(木)

加計証言 守秘義務違反？

義家文科副大臣発言で波紋

公益通報、不備指摘も

視点 告発への威嚇、禁止を

記事4

「「非公知の行政運営上のプロセスを上司の許可なく外部に流出させることは、国家公務員法（違反）になる可能性がある」。義家氏は13日の参院農林水産委員会で「一般論」とことわりつつも、守秘義務違反にあたる可能性を示唆した。獣医学部新設をめぐり、文部科学省関係者が報道機関などに内部文書について証言したことなどを念頭に置いたものだ。…」

（記事４　「加計証言　守秘義務違反？」朝日新聞 2017・6・15 朝刊）

ないように思います。私は、根っこの問題はこの国の司法、つまり裁判所にジャーナリズムの重要性についての認識が欠落している点にあると考えています。[(1)] 具体的にいうと、この国には先に述べた必要なレベルの取材の自由を認める判例が、実は一つも存在していないのです。いくつかの判例を見ていきましょう。

まず、1952年の「石井記者証言拒否事件」。これは刑事裁判において、取材の自由を側面から支えるものとして重要な意味をもつ取材源の秘匿（ジャーナリストやメディアが、取材に応じて情報を提供した人物、すなわち取材源について、それが誰かということを原則として明らかにしてはならないというルール）[(2)]を理由に記者の証言拒否が認められるかどうかが問われた事件ですが、最高裁の判決（最高裁大法廷1952年8月6日判決、最高裁判所刑事判例集6巻8号974頁）ははっきり「（憲法21条は）これからその内容を作り出すための取材に関し、証言拒否の権利までも保障したものとは到底理解することができない」と述べ、取材の自由を否定しています。

続いて1969年の「博多駅テレビフィルム提出命令事件」最高裁決定（最高裁大法廷1969年11月26日決定、最高裁判所刑事判例集23巻11号1490頁）。これは、石井記者事件と同じく刑事手続において、取材資料の目的外使用禁止原則[(3)]を理由として、メディアに証拠提出拒否権が認められるかどうかが問われたものですが、最高裁は決定理由の中で、報道の自由に関しては「国民の知る権利に奉仕するもの」と位置付けて表現の自由の保障のもとにおく一方、取材の自由については報道の自由とは分離したうえで、「憲法21条の精神に照らし、十分尊重に値するものと言わなければならない」と微妙な言い方をして、石井記者事件のような一刀両断な言いまわしではないにせよ、やはりこれを権利として認めることを拒否しています。

もっとも、最高裁判例の中でも、沖縄返還協定に付随して結ばれた日米間の「密約」を暴露した毎日新聞の西山太吉記者が、国家公務員法の「秘密漏洩をそそのかす罪」[(4)]に問われた沖縄密約事件の最高裁決定（最高裁第一小法廷1978年5月31日決定、最高裁判所刑事判例集32巻3号457頁）は、メディア（記者）が取材の目的で公務員に対し秘密を明かすようにそそのかしたとしても、「〔取材の〕手段・方法が法秩序全体の精神に照らし相当なものとして社会観念上是認される」場合には取材活動が正当業務行為の認定を受ける（すわわち、免責される）と述べており[5]、また、民事裁判における「取材源秘匿」を理由とする記者の証言拒否に関するNHK記者証言拒否事件最高裁決定（最高裁第三小法廷2016年10月3日決定、最高裁判所民事判例集60巻8号2647頁）も、取材源が誰であるかは、民事訴訟法がそれについての証言拒否を認めている「職業の秘密」[6]に当たる場合があるとしていて、これらのメディアの取材活動に一定の理解を示すようにも見える判例の存在を理由に、裁判所はメディアの取材の自由をある程度は保障していると主張する論者も存在しています（私も、かってはそのように認識していました[7]）。

しかし前者についていえば、「そそのかし罪」が記者にも適用されることを前提としたうえで、記者が、形式的に秘密に指定されている事柄についても、自らがその開示が必要（つまり秘密にすべきでない事項）と考えた場合には「公務員に対し根気強く執拗に説得ないし要請」はできるという正当業務行為という一般原則からするとある意味当たり前のことを確認しているにすぎず、これが政府の説明義務その他に踏み込み、記者やメディアの自由を拡張するものとは思えません[8]。また、後者についても、取材源の秘匿を取材の自由（これはもちろん、基本的に対国家的自由です）に立脚するものであると見なすのであれば、国家が直接的にその刑罰権を行使する刑事裁判においてこそそれが認められなければならないはずであって、民事におけるそれはあくまでも副次的なものにすぎません。にもかかわらず、この判決を取材の自由に配慮するものとみなして歓迎した日本のメディアが、これを手掛かりにさらに本筋であるはずの刑事裁判における証言拒否権を裁判所に強く求めている形跡はなく、また、近い将来、刑事裁判における証言拒否が認められるかもしれないという展望も開けていないというのが実情です。

このように日本の主要な関連判例をずっと見ていくと、どうひいき目に見ても、法的にメディアやジャーナリストに取材の自由があるなどとはとても言えない状況であることがわかります。もしかすると、取材の自由というのはある種の幻想であり、われわれは、私のような専門家も含めて、甘い夢を見ていただけなのかもしれません。

3．日本型ジャーナリズム——統治機構の中のアクターとしてのマスメディア

確認しておくべき重要なことは、このように取材の自由が存在していないという状況の中で、いまも日本のメディア、そして記者が仕事をしているということです。そして、あるべきものがない、という実にいびつな環境の中で、必然的に日本のメディアは、特異な、奇妙ともいえるシステム・様式を生みだし、それを磨いてきているのです。こうした特徴的な日本のメディアのありようを、これはすでに一部の論者によって使用されている言葉ですが、[9] それを借用して、かりに「日本型ジャーナリズム」と呼んでおきたいと思います。

ではそれ、つまり日本型ジャーナリズムとは具体的にはどのようなものか。結局、日本における取材は、何らかの自由や権利に基づいて行われている活動ではなく、究極のところ、権力との「折り合い」によって営まれているものだということです。折り合い……それは露骨に言えば癒着と取引です。癒着し取引しなければ、この国では権力取材は成立しえないのです。

だから、日本のメディアは、結局のところ統治機構の一アクター、その一翼を担う存在にならざるをえませんし、実際にそうなってしまっていると思います。自由のない中で「公器」であると標榜すれば、どうしてもそう

いう位置づけになってしまうのです。たとえば、2003年のイラク戦争とその後の取材統制。日本のメディアは、政府に「バクダッドは危ない」「サマワは危ない」と言われれば、その指示にしたがって粛々と記者を現場から退去させる。それから2011年の福島第一原発事故。何10キロ圏内が危ないかもしれないということになると、住民はまだ残っているのに、結局記者はそろって戻ってきてしまう。もちろん、記者の中にはそういう指示に疑問を持った人もいたでしょう。でも結局、指令は整然と実行される。

それから、安倍晋三首相は2017年に秋葉原で演説した際、聴衆にものすごくやじられた。2015年の沖縄慰霊の日の沖縄戦没者追悼式でもそうだった。しかしNHKは、それらの報道にあたってはそんなヤジの声を消してしまう（記事5、6）。ヤジがあったということが、ある意味では演説や式典そのものよりも切実な、世の中の、人々の現実なのに、それを伝えるという姿勢ではない。彼らが立脚しているのは、政治諸勢力の間の公平につとめるという考え方で、これは完全に、被治者ではなく統治者側の目線です。統治者側の目線で行われる情報伝達……つまり、日本のメディアの仕事は、一種の「公務」であると見ることが出来ます。本来、ジャーナリズムであれば、あくまでも民間の、つま

放送　3版　2017年（平成29年）7月7日（金）夕刊

週刊テレビ評
金平 茂紀（テレビ報道記者）

東京都議選で自民党が惨敗を喫した。この半年を振り返れば、逆風は明らかだった。その逆風を、メディア、特にテレビ報道はありのまま報じてきただろうか。そのことを考える上で格好の材料がある。

都議選の投票日前日、東京・秋葉原で安倍晋三首相は唯一かつ最後の街頭演説を行った。秋葉原といえば、安倍首相支持勢力のいわば「聖地」のような場所で、日の丸の小旗を手にした安倍首相支持の群衆であふれかえるのがパターンだった。ところがこの日は、大勢の市民から「安倍辞めろ」「帰れ」コールが湧きおこり、演説場

首相演説へのヤジを報じぬNHK
あの声はどこに行ったのか

所は騒然とした空気となった。演壇から向かって右手奥に陣取った人々から発せられた「辞めろ」「帰れ」コールは、街宣車の上からのスピーチを聞き取りにくくするほどの大音声となっていた。

1人でその場にいた政治学者の白井聡さんによれば、組織的な呼びかけによる行動というよりも、ソーシャル・ネットワーキング・サービス（SNS）などの情報に基づいて1人で来た人たちの自然発生的な「うねり」のようなものを強く感じたという。僕は当日は生放送があったので、現場に取材に行けなかったが、現場にいた記者やカメラマンたちから話を聞くと、今回は今までになかったことが起きていたという。

映像で細かく見た。確かに安倍首相の演説の最中、ずっと「安倍辞めろ」コールが続いていた。当然本人の耳にも入っている。普通の人間なら反応せざるを得ないレベルの音量に達していた。午後5時3分40秒ごろ、堪忍袋の緒が切れたように安倍首相は「こんな人たちに私たちは負けるわけにはいかない！」と声を張り上げた。ところが、それを聞いた人々の間でさらに「辞めろ」の声が一段と強くなったのだ。

当日、TBSのニュースはこの秋葉原演説を「激しいヤジが飛ぶなかで」と明言して報じていたが、なぜかNHKの午後7時のニュースでは、このヤジが報じられず、安倍首相の演説の音をメインにして放送されていた。あれらの人々の声はどこに行ったのか？　あの場所で起きていたニュースとは一体何だったのか？

1989年12月、ルーマニアのチャウシェスク政権が首都ブカレストで政権支持派の10万人集会を開き、国営ルーマニア放送が生中継していた。チャウシェスク大統領の演説の最中、1人の男がヤジを叫んだ。それをきっかけに集会は大混乱となり、さらに治安警察が鎮圧に動いたことで反政府暴動に発展、ルーマニア革命が起きた。

それでもテレビ屋か？と僕は言いたい。

記事5

「…当日、TBSのニュースはこの秋葉原演説を「激しいヤジが飛ぶなかで」と明言して報じていたが、なぜかＮＨＫの午後７時のニュースでは、このヤジが報じられず、安倍首相の演説の音をメインにして放送されていた。あれらの人々の声はどこに行ったのか？　あの場所で起きていたニュースとは一体何だったのか？…」
（記事５　「週刊テレビ評・あの声はどこにいったのか」毎日新聞 2017・7・7 夕刊〔執筆・金平正紀〕）

り一般の人々の立ち位置・目線で行われなければならないはずなのですが、日本ではそうした形になっていないのです。そして、これは何もＮＨＫに限ったことではない。程度の差はあれ、日本のメディアに通底しているものだと思います。

また、ＮＨＫの「ＥＴＶ特集・ネットワークで作る放射能汚染地図」の問題。この番組は各種の賞を受けるなど高く評価された番組ですが、ＮＨＫはこの番組のスタッフに対し、「立ち入り禁止区域に勝手に入り込んで番組を作ったことはけしからん」というよ

週刊 テレビ評

金平 茂紀（テレビ報道記者）

メディアが自発的隷従に進むとき

安倍首相への怒号が報じられない理由

沖縄戦終結から70年の慰霊の日、僕は沖縄県糸満市の摩文仁の丘であった沖縄全戦没者追悼式会場にいた。「この日は雨が降ることはないよー」と地元の人が言う。6月23日は沖縄にとっては特別な日なのだ。学校も休みだ。

だが、今年の式典場の空気は例年とは大きく変わっていた。それは間違いなく今の沖縄が置かれている状況を敏感に反映したものだ。翁長雄志知事の「平和宣言」には参列者からの拍手が何度もわき起こった。ところが安倍晋三首相のあいさつの段になって空気が一変した。参列者たちのあいだからヤジ、怒号が起こった。「帰れ！」「戦争屋」。死者を悼む式典で、怒号を発することは礼を欠く行為だ。参列者たち側がそれを知っている。だが、それを超えるような怒りが参列者たちの一部に共有されていた。

怒号を間近で聞きながら、ああ、これはニュースだな、と思った。その日の夜に宿舎でテレビを見た。夜7時と9時のNHKの全国ニュースだ。ええっ？ 僕は正直、自分の目と耳を疑った。なぜなら、安倍首相に浴びせられた怒号が全く報じられていなかったからだ。あったことがなかったことになっている。外国メディアの記事を読んだが、現場で会ったAFPの記者も含めて、ちゃんと怒号のことを報じていた。

その後、東京に戻って、別の作業をしていたら、安倍首相に近いとされる例の若手自民党議員らの会合での暴言が報じられた。ここはナチス政権下のドイツではないのだから、当然この発言は大問題となって大方のメディアが報じることになった（今度ばかりは遅ればせながらNHKも）。新聞協会や民放連も抗議声明を出した。

あれほどの低劣な発言に、いちいち論を述べ立てて反論するのも時間の無駄だが、この問題は看過できない部分が含まれている。沖縄の人々に対する非常に根深い差別的人間観が本人たちに全く意識されていない点が一つ。そして、自分たちの意に沿わないメディアを「懲らしめ」て従わせるという圧政者のような支配欲に本人たちが気づいていないという点が致命的だ。

今ごろになって16世紀フランスの文人が書いた『自発的隷従論』（ちくま学芸文庫）を読んだ。まるで今の日本のことを描いているではないか。

メディアが自発的隷従装置になった時、何が起きると思いますか。僕はNHKの編集長さんに聞いたい。NHKには信頼できる友人たちがいるし、あなたもニュース現場で同じ釜の飯を食っている仲間だと思いたいからだ。

2015（H.27）7.3（金） M. ue

記事6

「…その日の夜に宿舎でテレビを見た。夜７時と９時のＮＨＫの全国ニュースだ。ええっ？　僕は正直、自分の目と耳を疑った。なぜなら、安倍首相に浴びせられた怒号が全く報じられていなかったからだ。あったことがなかったことになっている。…」

（記事６　「週刊テレビ評・メディアが自発的隷従に進むとき」毎日新聞 2015・7・3 夕刊〔執筆・金平正紀〕）

13 メディア 13版 2012年（平成24年）5月26日（土） M. m

時流底流

原発特集 評価に温度差

東京電力福島第1原発事故直後から関連番組を作り続けたNHKのETV特集が今も注目を集めている。

先日は、番組の増田秀樹チーフプロデューサー（CP）が放送関係者で作る「放送人の会」の「放送人グランプリ2012」を、シリーズ全体では4月に11年度ギャラクシー賞特別賞を受賞した。特に、11年5月放送の「ネットワークで作る放射能汚染地図」は話題を呼んだ。長く原発問題と向き合ってきた制作者が、旧知の科学者と共に事故直後から現地入りして、被害状況を調査。放送後すぐにインターネットなどで評判となり、文化庁芸術祭の大賞をはじめ、早稲田ジャーナリズム大賞、日本ジャーナリスト会議（JCJ）大賞など六つを獲得し、放送史に残る番組となった。

世間では高い評価がある一方、NHK内部の受け止め方は、少々異なるようだ。今月10日の定例記者会見で、受賞に対する所感を質問された松本正之会長は「そういう賞を受ける内容のものだったと思っている」と素っ気なく、社内での表彰についても「特にない」と述べた。

NHK関係者の話によると、表彰どころか3人が「口頭処分」を受けた。増田CPら2人は、厳重注意。理由は、NHKが取材自粛を決めた区域に許可なく立ち入り取材したことや、取材班が番組制作の過程を描いて今年2月に講談社から出版した単行本「ホットスポット」が「NHKの名誉を傷つけた」ということだったという。無許可取材が問題だったのなら1年以上たっての処分は不可思議だ。同書の出版後に毎日新聞は、取材班へのインタビューをNHKに広報を通じて申し込んだが、「本の宣伝になるので取材は受けられない」などと広報に断られた。原因は「機微な舞台裏」（同書より）にも触れた「ホットスポット」にあったのか。これに対して、NHKは「同僚や上司を批判した内容について注意した。処分ではない」と説明する。

世の中の出来事を漏らさず取材し情報を届ける報道と、ETV特集など1点突破の番組の両方を持つ体制はNHKの強みだ。少人数で作っているETV特集はNHKスペシャルよりも知名度が低いかもしれないが、その管理を強めても、よい番組が生まれるとは思えない。評価をめぐる世間との大きな温度差は、それこそNHKの名誉を傷つけないだろうか。【高橋咲子】

記事7

「…ＮＨＫ関係者の話によると、表彰どころか３人が「口頭処分」を受けた。増田ＣＰら２人は、厳重注意。理由は、ＮＨＫが取材自粛を決めた区域に許可なく立ち入り取材したことや、取材班が番組制作の過程を描いて今年２月に講談社から出版した単行本「ホットスポット」が「ＮＨＫの名誉を傷つけた」ということだったという。…」

（記事７　「時流底流・原発特集　評価に温度差」毎日新聞 2012・5・26 朝刊〔執筆・高橋咲子〕）

うな理由で注意を与えている（記事7）。どういうことか？　NHKの上層部は、現場に対して、下からの、現場からの報道なんていう青臭いことを言うな、政治のご意向に従って粛々と公務を果たせ、という教訓を発したのではないでしょうか。

しかしもちろん、日本のメディアがいつも、すべて権力、体制の翼賛をしているわけではありません。いろいろ政治の批判をしたり、問題点を指摘したりもしている。しかし私がみるところ、それは体制の中の、ある種のほど良い「うるさ方」の役割をメディアが果たしているにすぎないということです。そういうものが存在しているほうが、結局のところ、体制は安定するからです。頭から押さえつけて、御用メディア一本になってしまうと、それはそれで社会は不安定になる。だからわざと揺らすわけです。つまり制震装置です。制震装置とは、耐震や免震とは違い、建物をある程度揺らして逃がすやり方です。しかしもちろん、揺らし過ぎれば潰します。従って、メディアの自由の問題というのは、もちろんときどきはメディアと政府の間で紛糾することがあるわけですが、それはほとんどの場合自由や権利の問題ではなくて、統治機構の中の「境界線紛争」、いってみれば、うちうちのもめ事なのです。

4．統治機構の内部にあることの「素晴らしさ」

そして、このように統治機構の内部に位置づけられるということは、メディアにとっては、不自由というよりもむしろ「おいしい」ことのように見えます。どういうことかというと、それによって各種の便宜供与を受けることができる。助成や特殊指定といった法定の便宜だけではなく、たとえば、多額の政府広告費が出てくる（記事8）。

北朝鮮からミサイルが飛んでくることになれば、もっと出る。安倍政権になってから政府広報予算が2倍になったとも報じられています。それと、その存在が排他的・閉鎖的で権力による情報操作の温床になっているとして強い批判を受けてきた記者クラブ[10]。裁判所の判例（たとえば、京都府記者クラブ訴訟判決〈京都地裁判決1992年2月10日、判例タイムズ781号153頁〉など）はどれもこれを「役所の広報活動の一環」と明確に位置付け、それゆえにそこへの公金の支出を合法としているのですが、これを「取材拠点」と位置付けているはずのメディア側は、そ

2015年(平成27年)2月23日　日刊ゲンダイ
「2倍増」ロコツな懐柔策
政府広報予算83億円
毒まんじゅう食らったメディア
カネで批判抑える姿勢に誰も抗議せず

記事8

「…野田政権時代の12年度に40億6900万円だった予算額が、安倍政権に代わった13年度には43億9900万円に増加。さらに消費税率を引き上げた14年度は「消費税への国民の理解を深めるため」（政府広報室）として一気に約48％アップ、約20億円を積み増した。15年度予算ではとうとう80億円台を突破し、安倍政権下で政府予算に費やす税金は2倍に膨らむことになる。…」

（記事8　「政府広報予算83億円　毒まんじゅう食らったメディア」日刊ゲンダイ 2015・2・23）

2012年(平成24年)7月20日(金曜日)　特報　26
国会記者会館　誰のため?
官邸前デモ中継に
ネットメディアの利用拒否
仮処分申請「報道の良心期待」
混乱を回避　警備に懸念

記事9

「…〔非営利のインターネット放送局「アワープラネットティービー」の代表理事である〕白石さんは今月6、13日に建物を管理する「国会記者会」事務局に屋上を撮影で使いたいと申し込んだ。しかし、「加盟社以外の使用は認められない」と断られた。白石さんは「まさか断られるとは思わなかった」と振り返る。…」

（記事9　「国会記者会館　誰のため？」東京新聞 2012・7・20朝刊）

のように自らが「役所の広報マン」扱いされても、そういう考え方を正面から批判したり、それなら……といって記者室を退去したりすることはありません。さらに、あの「国会記者会館」は国有地の上に、衆議院が建設したものなのですが、メディアはこれを排他的に利用し、フリーのジャーナリストには使わせない（記事9）。彼らは「公務員」だから「民間」には開放できないのでしょう。このように、統治機構の中のアクターとしての自覚をもってやっている限り、メディアは政治権力と「Ｗｉｎ－Ｗｉｎ」の関係になることができるわけです。これは、なかなかやめられない。

また、このような構造の下では必

9　3版　2009年(平成21年)2月23日　月曜日　朝日新聞

池上彰の新聞なしめ読み

中川財務相「もうろう会見」　記者は何をしていたのか？

テレビのない時代なら、新聞記者は会見の追及が甘くても、読者に批判されないで済んだでしょう。しかし、記者会見の様子がテレビに映し出されますと、記者のレベルまでわかってしまいます。

中川前財務・金融相はローマの記者会見で醜態をさらしましたが、会見に出席した記者たちもまた、批判を浴びることになりました。テレビニュースが、記者会見の様子を放送したからです。

2月18日本紙「声」欄に、千葉県八千代市の読者は、こう投書しています。「驚いたのは各メディアの記者たちの対応である。テレビを通しても分かる中川氏の異変なのに、その体調についての質問がなかったからだ」

呂律が回らない大臣の様子を見て、体調を心配する質問があってもよさそうなものですが、質問がなかったことがわかってしまいました。

記者会見に出ていた記者たちは、なぜ質問しなかったのか。中川氏が大臣を辞任してから、「中川氏は酒でトラブルが多かった」という記事が出ました。記者たちは「いつものことだ」と看過したのでしょうか。

それとも、中川氏と一緒に酒を飲んでいたので、追及できなかったのでしょうか。

毎日新聞は18日朝刊で、中川氏が前夜男性新聞記者たちと酒を飲み、当日は、日本から同行した女性記者らと昼食をとり、その際、赤のグラスワインを注文したと書いています。この記事の最後には、「毎日新聞の記者は、中川氏との会合には、いずれも出席していなかった」と書いてあります。わが社は潔白だと言いたいようです。

18日朝刊の読売新聞は、昼食について、「読売新聞の同行記者も同席していたが、中川氏が飲酒しているところは確認していない」と記しています。「確認していない」という表現が曲者です。「飲酒していなかった」という記事ではありません。

朝日は20日朝刊でようやく検証記事を掲載。前夜も当日昼食も朝日の記者は出席していなかったと書きました。飲酒について質問しなかったのは、「日本の新聞の15日付朝刊締め切りが迫っており、質問はG7の内容の確認に集中」したからだそうです。

中川氏の飲酒癖を知っていながら、大事な会議の前夜に一緒に酒を飲む記者。記者会見前の昼食でワインを注文した中川氏の行動を「確認」しなかった記者。大臣の呂律の回らない様子を問いただささなかった記者たち。記者の行動もまた、読者から厳しく問いただされる時代なのです。

（ジャーナリスト）

◆東京本社発行の最終版を基にしています。

記者会見の模様は世界に配信された＝AP

記事10

「…記者会見に出ていた記者たちは、なぜ質問しなかったのか。中川氏が大臣を辞任してから、「中川氏は酒でトラブルが多かった」という記事が出ました。記者たちは「いつものことだ」と看過したのでしょうか。それとも、中川氏と一緒に酒を飲んでいたので、追及できなかったのでしょうか。…」

（記事10　「池上彰の新聞ななめ読み・中川財務相「もうろう会見」記者は何をしていたのか？」朝日新聞 2009・2・23 夕刊〔執筆・池上彰〕）

然的に、メディアの記者にとってのメインの課題は、権力者と「お近づき」になり、もちつもたれつの折り合い関係をうまく構築していくことになるでしょう。外から見れば明らかに癒着なのですが、メディアや多くの記者に言わせれば、磨きに磨いてきたわれわれの伝統芸をそう簡単に切り捨ててくれるな、というところだろうと思います。

中川昭一財務大臣のもうろう会見を覚えているでしょうか（２００９年）（記事10）。あの異様な光景に直面して、「あなた酔っ払っているでしょう」「おかしいでしょう、それでいいんですか」と言った記者は誰もいなかった。みんな明らかにその場を無難に終わらせようとしていた。ま

記事11

「…興味深いのはそうした望月氏の姿勢に同業他社が"懸念"を示したことだ。全国紙の政治部記者が明かす。「会見後に、菅氏は通例の囲み取材に応じず、険しい表情で総理執務室に向かったそうです。一部の番記者からは"あれが続くとオフレコ取材や官房長官会見自体に制限がかかりかねない。何とかならないのか"と懸念の声があがった。」…」

（記事 11　「菅長官を狼狽させた東京新聞女性記者の"聞く力"」週刊ポスト 2017・6・30）

た、東京新聞社会部の望月衣塑子《いそこ》記者の場合は、菅官房長官と記者との間に構築されている「折り合い」のことをよく分かっていなくて、いつもの調子で質問したら、菅氏を戸惑わせ、政府に睨まれ、官邸担当の記者の間でも「何であんなやつを連れて来た」というような評価になってしまった（記事11）。

そして、こういう折り合い構造が常態化すると、中には政治権力そのものになってしまうメディアや記者も出てくる。たとえば、記者と政治権力との癒着関係が初めて垣間見えた事件といってもいい、いわゆる「指南書問題」（2000年）。これは森喜朗内閣のときの話で、森首相がある場所で「日本は天皇を中心とする神の国である」という発言をしたことについて、釈明の記者会見をしなくてはならなくなった。ところがその前日、首相官邸の記者クラブのコピー機の前で、「明日の記者会

本社の考え示す

首相釈明会見「指南メモ」

記者が書いたなら倫理に反する行為

森喜朗首相が「天皇を中心とする神の国」発言について釈明会見する前日、首相官邸記者クラブ（内閣記者会）内で、マスコミ対策を首相に指南するようなメモが見つかった問題で、朝日新聞は十六日、「記者会の所属者が書いたとすれば、その内容は記者の倫理に反するだけでなく、記者会の名誉を損なう行為として規約に基づき処分に値する」との見解を記者会の代表者会議で示した。作成者がいるかどうかの確認は各社にゆだねられてきたが、判明していない。

メモは五月二十五日朝、記者会のコピー機のそばに落ちていたのを、西日本新聞の記者が見つけた。「明日の記者会見についての私見」と題し、ワープロで感熱紙一枚に打たれており、要旨のような内容だった。

西日本新聞は二日付の朝刊コラムで記事にし、メモの内容が明らかになった。記者会は八日、メモの内容を確認するため、常駐する社からなる代表者会議を開き、西日本新聞がメモのコピーを各社に示して、経緯を説明した。

メモについて代表者会議は「記者のモラルを大きく逸脱した内容」という認識で一致した。しかし、作成者がはっきりしない文書であり、首相に渡ったかどうか確認できていないため、「記者のモラルの問題であり、各社ごとに対応することが妥当」という意見が大勢で、記者会としての対応は集約しなかった。

しかしその後も、作成者が記者会のメンバーであると想定したうえで、テレビなどで「記者会は不問に付した」と対応を問題視する報道がされた。朝日新聞は、仮に記者会に作成者がいた場合は、再発を防ぐ必要があるとして十六日の代表者会議で記者会としての見解表明を提案した。提案には数社が賛同したが、全会一致に至らず、再び各社で対応することが妥当という結論になった。

朝日新聞は「メモが記者会のメンバーによって作成されたものであれば、その内容は記者会の名誉を損なうものであり、除名などの処分に値する行為」と考えている。

「指南メモ」要旨

「明日の記者会見についての私見」の要旨は次のとおり。

▼今回の会見は大変、リスキーで、これまでと同じ説明に終始していると、民放も含め各マスコミとも「森首相、〝神の国発言〟撤回せず　弁明に終始」といった見出しを付けられることは、間違いないと思ってください。

▼会見する以上、「事実上の撤回」とマスコミが報道するような発言が、必要だと思います。そうすれば、マスコミも野党もこの問題をこれまでのような調子で追及することはできなくなります。

▼色々な角度から追及されると思いますが、繰り返しで切り抜け、決して余計なことは言わずに、質問をはぐらかす言い方で切り抜けるしかありません。朝日などが騒いだとしても、くれぐれも時間オーバーをしないことです。二十五分という所定の時間がきたら、役人に強引に打ち切らせるようにしないと、墓穴を掘ることになりかねません。

記事12

「…〔8日の内閣記者会の代表者会議では、メモについて〕「記者のモラルの問題であり、各社ごとに対応するのが妥当」という意見が大勢で、記者会としての対応は集約しなかった。…朝日新聞は、仮に記者会に作成者がいた場合には、再発を防ぐ必要があるとして16日の代表者会議で記者会としての見解表明を提案した。提案には数社が賛同したが、全会一致に至らず、再び各社で対応することが妥当という結論になった。…」

（記事12　「首相釈明会見「指南メモ」記者が書いたのなら倫理に反する行為」朝日新聞 2000・6・17 朝刊）

見についての私見」と題されたペーパーが見つかったのです。見つかった場所からして書いたのは記者、宛先は森首相、内容は「朝日などが騒いだとしても、時間が来たら役人に強引に打ち切らせて逃げましょう」といった「記者会見の乗り切り方」です（記事12）。驚くべき話ですが、ではこれは一部の不心得な記者の所業なのでしょうか。朝日新聞紙上で元共同通信記者の藤田博司氏は、内閣記者会がこの件で「関係者の責任追及などはしないことにした」と決めたこと、さらに「新聞の報道が及び腰」であり、毎日・朝日以外の「有力紙は沈黙を守っていること」をあげ、この問題が日本のメディア全体の構造的問題であることを示唆しています（記事13）。私も、その見方に賛成です。

こうした構造の中ではまた、読売新聞のようなある意味で面白い新聞も出てきます。個人情報保護法、人権擁

29 主張・解説 13版 2000年（平成12年）7月5日 水曜日

論壇

オピニオン opinion

藤田《ふじた》 博司《ひろし》 上智大学教授（ジャーナリズム論）

「指南書」が問うメディアの資質

記事13

「…内閣記者会がこの問題の徹底解明を避けたことは、多くの読者、視聴者にほかの記者もスネに同じ傷持つ身か、との疑いを抱かせる。…新聞の報道が及び腰であることも気になる。「指南メモ」の存在を最初に報じたのは西日本新聞だが、その後、全国紙では毎日新聞と朝日新聞がコラムや記事で触れたほかは、有力紙は沈黙を守っている。…」

（記事13 「論壇・「指南書」が問うメディアの資質」朝日新聞 2000・7・5 朝刊〔執筆・藤田博司〕）

護法案、青少年有罪社会環境基本法案が「メディア規制三点セット」などと言われて、新聞界やテレビ業界がこぞって反対運動を繰り広げていた時期（２００２年）のことです。ある日、いきなり読売はトップ記事で「『報道の自由』と両立を　修正試案を本社提言」と打った（記事14）。そこには政府に向けられたいくつかの条件が列記されていて、これを政府がのむなら読売としては個人情報・人権擁護両法案賛成に転じます、と宣言したのです。さらに、その2日後には、当時の小泉首相が、この読売案を「いいじゃないか」と言って、政府に対してこの線で修正するように指示を出しました（記事15）。これは、読

讀賣新聞
2002年（平成14年）5月12日　日曜日
「報道の自由」と両立を
個人情報保護法案　人権擁護法案
修正試案を本社提言
法制の整備は急務

記事14

「本社の修正試案は、両法案のいずれについても、政府案の基本的な枠組みは保ちながら、取材・報道活動への現実の影響が及ぶ個所に対し修正を求めるものだ。…」

（記事14「「報道の自由」と両立を　修正試案を本社提言」読売新聞2002・5・12朝刊）

個人情報法案
首相、修正作業を指示
読売新聞案の線で

記事15

「…小泉首相は13日の自民党役員会で、「読売新聞に個人情報保護法案の修正案が載っていたが、それも一つの考え方だ。修正を検討してほしい」と指示。首相は担当大臣…にも同様の指示をした模様だ。…読売新聞の修正案に対しては、報道の自由を守る観点から不十分であるとの声がマスコミ関係者や消費者団体から出ている。…」

（記事15「首相　修正作業を指示　読売試案の線で」朝日新聞2002・5・14朝刊）

売が自社で考えた内容を独自に紙面化して、それを見た首相が賛同して動き始めた、というような話なのでしょうか。私はおそらく違うと思います。紙面化される以前に、すでに裏でシナリオができていたのではないか。なぜなら、読売はその後も、そんなことを頻繁にやっているようだからです。

たとえば、第一次安倍内閣の終焉の際、与党政治家と読売・日本テレビのトップが、汐留の日テレ本社で集まって、次に福田を立てる方針を決めたのだと産経新聞が報じています（記事16）。またその後、福田内閣、麻生内閣

記事16

「…参院選２日後の７月31日夜、東京汐留の日本テレビ本社ビル36階に、元副総裁の山崎拓、元幹事長の加藤紘一、古賀誠の「新ＹＫＫ」と元厚相の津島雄二がひそかに終結した。招集したのは氏家斉一郎日本テレビ取締役会議長と、後に大連立構想の仕掛け人として注目を浴びる渡辺恒雄読売新聞グループ本社取締役会長。ここで早々に安倍を退陣させ、次期総裁に福田康夫を擁立する方針を確認したのだ。…」

（記事16 「永田町メルトダウン（中）福田擁立　日テレで極秘会議」産経新聞 2007・12・27）

記事17

「「新聞記者の分際で、そんな話に介入して書かないままでけしからんと、それこそ誹謗中傷を浴びております」今月５日、渡辺氏は、都内で開かれた自民党幹部のパーティーであいさつ。福田首相と民主党の小沢代表との党首会談を仲介したことを公に認めた…」

（記事17 「報道と政治　距離感は」朝日新聞 2007・12・8 朝刊）

前川前次官 出会い系バー通い
文科省在職中、平日夜

記事18

「文部科学省による再就職あっせん問題で引責辞任した同省の前川喜平・前次官（62）が在職中、売春や援助交際の交渉の場になっている東京都新宿区歌舞伎町の出会い系バーに、頻繁に出入りしていたことが関係者への取材でわかった。教育行政のトップとして不適切な行動に対し、批判が上がりそうだ。…」
（記事 18 「前川前事務次官　出会い系バー通い」読売新聞 2017・5・22 朝刊）

と続いて、自民党がさらによたよたになってくると、読売は社論として大連立を掲げる。社論として掲げるだけなら良いですけれども、実際に、読売トップの渡辺恒雄氏は、与野党トップを仲介してその実現に向けて動いているわけです（記事17）。また、みなさんの記憶に新しい文科省の前川喜平事務次官の「出会い系バー報道」（記事18）。これもまた、読売紙面にいきなり出たわけですね。一体、どういう筋から出た情報だったのか。ともかく、こうして見ていくと読売というのは、やはり明らかに自民党支持のアクターとして、いろいろ動いて、世論操作のために紙面を使っているようにしか思えない。そんな読売は、おそらく「日本型ジャーナリズム」の典型例であり、もしかするとその「完成型」なのかもしれませんが、私の話の冒頭でご紹介したジャーナリズムの概念や定義から考えると、そこからは余りにも隔たっているように思います。そして、そのことが社会で十分に意識されないまま、同紙がこの国で最大の発行部数を維持しているわけです。

さらに見ていきましょう。

２００８年に、自らが制作協力した従軍慰安婦問題を扱う番組「ＥＴＶ特集・問われる戦時性暴力」が当初の形から大きく改変されて、協力の際の「期待」を踏みにじられたとして、ＮＨＫや下請け会社などに損害賠償を求めた民間団体「『戦争と女性への暴力』日本ネットワーク（バウネットジャパン）」。最高裁まで争って、結局は敗訴するわけですが、その際に、日本経済新聞の記者がバウネットにわざわざ「常識を持てばか者、なぜあなた方の偏向したイデオロギーを公共の電波が垂れ流さなければならないんだよ、あほか」という内容の罵詈雑言メールを送りつけている（記事19）。この「記者」の頭の中で、「公共の電波」、ひいてはメディアは一体どういう位置づけになっているのでしょうか。この記者の職業的な自己認識はどのようなものなのでしょうか。日経はこの社員を処分したと言っていますが、処分内容は明らかにされていません。

残念ながら、この記者だけでなく、多くの記者の意識がおかしくなっているのかもしれません。どこか一部の会社がおかしいというだけではなくて、メディア企業も記者も含めて、全体の構造がおか

日経記者、「あほか」メール

番組訴訟で敗訴の団体に

NHKの番組が放送直前に改変されたとして、取材を受けた市民団体がNHKなどに損害賠償を求めた訴訟で敗訴したことを受け、日本経済新聞社の記者が、この団体に対し「取材先の『期待』に報道が従うわけないだろ」「あほか」などとする電子メールを送っていたことがわかった。

メールが届いたのは、「『戦争と女性への暴力』日本ネットワーク」（バウネットジャパン）。日経は5日までに、「個人的なメールで会社は関与していないが、不適切な内容だった」とバウネットに謝罪した。日経は記者を処分したとしているが、処分内容は明かしていない。

バウネットによると、電子メールは番組改変訴訟の最高裁判決が出た翌日の6月13日、事務局のアドレスに届いた。内容は「常識を持て。ばか者」「なんであなたがたの偏向したイデオロギーを公共の電波が垂れ流さなきゃいけないんだよ。あほか」などと書かれていた。バウネットは日経に抗議した。

日経によると、編集局幹部らが6月24日、バウネットの代表者らに口頭で謝罪。記者は「悪いことをした」と話しているという。

2008 (H.20). 7. 5 (土) A. eve.

記事19

安倍 晋三
2013年9月20日

明日は、私の五十九回目の誕生日。
総理番記者の皆さんから、お誕生日プレゼントを頂きました。
いくつになっても、嬉しいものです。

いいね！2.7万件　コメント2,589件　シェア489件

記事20

「…バウネットによると、〔日経記者からの〕電子メールは番組改変訴訟の最高裁判決が出た翌日の6月13日、事務局のアドレスに届いた。内容は「常識を持て。ばか者」「なんであなたがたの偏向したイデオロギーを公共の電波が垂れ流さなきゃいけないんだよ。あほか」などと書かれていた。バウネットは日経に抗議した。…」

（記事19　「日経記者、「あほか」メール」朝日新聞 2008・7・5 夕刊）

（記事20　安倍晋三ツイッター 2013・9・20）

しくなっているということです。ここに掲げたのは、安倍首相のツイッターの写真です（記事20）。「明日は私の59回目の誕生日。総理番記者のみなさんからお誕生日プレゼントを頂きました。いくつになっても嬉しいものです」というコメントがついています。結局、こういう感覚・意識の記者が社を超えてたくさんいるということでしょう。そして、逆に記者という仕事にジャーナリスト的ロマンと自負を感じ、業界のお約束が呑み込めない、あるいはそれに承服できない記者ははじかれてしまうのでしょう。メディア企業は、あまり大きな声では言えないが、公務として統治機構の枠内でその業務を遂行しているわけですから、それを紊乱《びんらん》する権利がどうしてあなた（記者）にあるのですかということになるわけです。

ですから、たとえば、上述の従軍慰安婦番組を作ったNHKのプロデューサーが、自分の作った番組が上層部に勝手に改変されて、意味が分からない内容になってしまったのはおかしい、これは間違いなく政治家からの圧力によるものだということで、自社のコンプライアンス委員会に訴えても、会社は全然反応しない。なにしろ当時のコンプライアンス委員長はしばしば政権との親密すぎる関係が指摘されていた海老沢勝二会長ですから。結局このプロデューサーは、捨て身の告発記者会見をして、局を辞めることになってしまった（記事21）。２０１４年の朝日の吉田調書報道の問題もまさにそうで（記事22）、問題とされた記事が、かりにそれが内容の一部に訂正を要する「誤報」であったとしても、取り消して平謝りするような「虚報」であったかというとそうではなかったわけで、朝日の対応は本当におかしい。むしろこの吉田調書報道は、非常に切っ先の鋭いもので、それゆえに、この国の権力体制の核心部分に迫ってしまった、「折り合い」を超えてしまったのではないでしょうか。そうすると、「あいつらは公務を理解していない」ということで、それにかかわった記者たちが悪者にされ、不本意な配置転換にさらされてしまうわけです。

また、身近な例で言えば、ニュースキャスターの交代もそうです（記事23）。最近の安倍政権はもうむちゃくちゃで、それこそ権力の側でお約束のラインを超えてきてしまっていますから、政府の世論操作のシナリオに「十分に」乗ってこないようなキャスターは、はじいてしまうのでしょう。

2005(H.17).1.14(金) T.m.

「政治介入受け改変」

NHK特番 制作担当者が告発会見

安倍氏「指摘」の事実ないと反論

中川氏「担当者呼んでいない」

政府は調査せず

記事21

所長命令に違反 原発撤退

政府事故調の「吉田調書」入手

福島第一 所員の9割

震災4日後、福島第二へ

全資料 公表すべきだ

2014.5.20 A.m

記事22

「自民党幹部が、ＮＨＫの特集番組の内容変更を申し入れていたとされる問題で、ＮＨＫ番組制作局教育番組センターの長井暁（さとる）チーフプロデューサー（41）が13日に記者会見し、「政治介入で番組が改変された」と話した。ＮＨＫの現役職員が、氏名を明らかにして内部告発するのは極めて異例。…」

（記事21 「『政治介入受け改変』制作担当者が告発会見」東京新聞2005・1・14朝刊）

「…〔吉田調書によると〕東日本大震災４日後の11年3月15日朝、第一原発にいた所員の約９割にあたる約650人が吉田氏の待機命令に違反し、10キロ南の福島第二原発へ撤退していた。その後、放射線量は急上昇しており、自己対応が不十分になった可能性がある。東電はこの命令違反による現場離脱を3年以上伏せてきた。」　※下線：誤りとされる部分。

（記事22 「所長命令に違反　原発推進　政府事故調の「吉田調書」入手」朝日新聞2014・5・20朝刊）

メディアはたぶんいま、「折り合いの線が変わってきている」ことを憂慮しているでしょうが、「だったらそれを破棄します」というふうにはどうしても出られない。「問題児」の首を切って、権力に差し出すしかないのです。

5．システムの構築と増築

そして、このような体制は、組織化、つまりシステムや秩序の構築という、日本人お得意のやり方で増強され

新聞（夕刊）　2016年（平成28年）1月20日（水曜日）

T. eve.

報ステ、クロ現…　番組の顔 相次ぎ降板へ

報道自制 危ぶむ声

テレビ報道の「顔」が大きく変わろうとしている。放送業界への政治的な"風当たり"が強まる中、歯に衣着せぬ看板キャスターらの相次ぐ降板。現場には政権の意向を忖度し報道内容を自制する雰囲気もあるといい、識者からテレビジャーナリズムのあり方を危ぶむ声が上がっている。

上から時計回りに、古舘伊知郎さん、岸井成格さん、国谷裕子さん

三月末での降板を発表したのはテレビ朝日「報道ステーション」メーンキャスター古舘伊知郎さんとTBS「NEWS23」アンカー岸井成格さん。NHKも「クローズアップ現代」の国谷裕子キャスターの降板を検討している。

番組での発言が政権側から何度も批判された古舘さん。降板の発表会見でも「キャスターは反権力の側面がある」と自説を曲げなかった。大物政治家にも鋭い質問を浴びせる国谷さんも「降板させられるのでは」との臆測が何度も流れていた。

岸井さんは番組で、安全保障関連法案に対し「廃案に向けて声を上げ続けるべきだ」と発言。保守論客が名を連ねる団体から「政治的に公平であることを定めた放送法に違反する」と批判される中での降板発表だった。

「各局それぞれ事情があるのだろうが、三人続くと、政権に批判的だったから降ろされたという印象を視聴者が持つだろう」と指摘するのは砂川浩慶・立教大准教授（メディア論）。

「報道番組が長いものに巻かれて、当たり障りのない一面的な情報提供しかできなくなったら、視聴者にとっても、民主主義社会にとっても良くないことだ」

「政権意向 忖度する空気」

政権与党がテレビ報道に「圧力」と取られかねない注文を強めたのは、一昨年末の衆院選のころからだ。在京各局に選挙報道で「公平中立、公正の確保」を求める文書を出し、自民党は昨年「報ステ」「クロ現」で局幹部を事情聴取した。

そんな中、テレビの報道現場では政権に批判的な報道を控えようとする雰囲気も出ているという。民放の若手スタッフは「危ない橋は渡りたくない」。あるNHK関係者は「政権の意向を忖度する空気が局内に漂っている」とため息をつく。

碓井広義・上智大教授（メディア論）は「メディアの中でテレビの影響力はまだまだ大きい。権力に対し、批判すべき点は批判するというジャーナリズムの役割をきちんと果たすべきだ」と注文する一方で、視聴者にもこう呼び掛ける。

「報道番組が今後何を伝えるのか、そして何を伝えなくなったのか、しっかりとチェックしてほしい」

各番組をめぐる経過

毎日新聞の特別編集委員でもある岸井さんが番組で安全保障関連法案の廃案を訴えたことには、これを問題視する団体が昨年11月、放送事業者の政治的公平性などを定めた放送法に違反するとして非難する意見広告を読売新聞と産経新聞に掲載した。ＴＢＳは降板について「意見広告の掲載前から話を進めていた」と影響を否定。だが、音好宏・上智大教授（メディア論）は「状況に屈したと思われかねない」と指摘する。

国谷さんがキャスターを務める「クローズアップ現代」では、出家詐欺事件をめぐる放送内容でやらせ疑惑が発覚。自民党が昨年４月、この問題で局幹部を事情聴取し、国谷さんが番組中で謝罪した。

古舘さんの「報道ステーション」では昨年３月、出演者の元経済産業省官僚、古賀茂明さんが安倍政権を批判。自民党は局幹部から事情を聴いた。古舘さんはこの問題が降板にもたらした影響については「全くない」と語っている。

記事23

「…番組での発言が政権側から何度も批判された古館さん。…大物政治家にも鋭い質問を浴びせる国谷さんも「降板させられるのでは」との憶測が何度も流れていた。岸井さんは番組で、安全保障関連法案に関し「廃案に向けて声を上げ続けるべきだ」と発言。保守論客が名を連ねる団体から「政治的に公平であることを定めた放送法に違反する」と批判される中での降板発表だった。…」

（記事 23 「報道自制危ぶむ声　番組の顔相次ぎ降板へ」東京新聞 2016・1・20 夕刊）

ていきます。ジャーナリズムは本来、現場発の、下からの営みであるはずなのに、上意下達のすごい状況になっていくわけです。もちろん、その中心部には記者クラブシステムが存在しているわけですが、それだけじゃない。たとえば「系列化」、テレビ、ラジオはそれぞれ新聞と資本関係や業務提携を結んでいますし、キー局は全国に系列局を広げてネットワークを形成しています。そうすると、メディアは多数あるように見えて、実は少数の資本、人々によって支配されることになる。そうなると、政治権力の意向は、この国の隅々にまで容易に、自然に徹底されていきます。

放送制度は本来、「三事業兼営禁止」といって、同一資本が新聞、テレビ、ラジオの三事業を兼営することを禁止しているのですが、これはなしくずしに形骸化され、実際には効力を失っています。また、メディアでは、業界団体がやたらに「仕切り」を行うという問題もあります。日本新聞協会、日本民間放送連盟といった団体がいつも出てきて、メディアのムラ社会を取り仕切っている。またNHKは予算、人事を国に握られていますから、政府直轄といってもいいような状況になってしまっている。

倫理の問題もそうです。倫理とは本来なら、ジャーナリスト個人の生き方に立脚するものですから、システム化はそんなに容易にできるものではないはずなのに、結局、立派な肩書を持つ外部の人、専門家に見える人、あるいは読者・視聴者にとって親しみが持てる、タレント性のある人たちを呼んできて「第三者機関」なるものを作り、外注化する。たとえば外添要一知事や財務省の不祥事の際の弁護士への調査依頼、政府の審議会の構成などについて、メディアは「お手盛り人事」と批判しますが、結局自分たちも同じではないでしょうか。こういう委員会を設置してからもう何年にもなりますが、この間、本当にメディアの倫理は向上したでしょうか。それともこれは、先に紹介したこの国のメディアお得意の、あの「制震構造」の一環なのでしょうか。

また、広告代理店の影響力もある。本来、広告代理店は、一業種一社制といって、ある業種であれば、一社から請け負えば他社からの仕事は受けられないというのが、ビジネス倫理のはずです。しかし日本ではこれが徹底されていませんから、結局、電通などの大きな代理店が、全産業を背景にメディアの生命線を握ってしまう。また、政府のメディア・コントロールは、たとえば２０２０年東京オリンピックに関し、日本の主要新聞がそろってこの国策イベントの「オフィシャル・パートナー」になってしまったように、代理店を通してしまえば最も容易に、効果的に行うことができます。

こうしたもろもろの状況は、最初に述べたジャーナリズムの理念から見れば実に異常ですが、日本型ジャーナリズムにおいては当然の帰結ということになるのでしょう。ご存じ

「会うのが重要」「批判 鈍らぬ」と言うが…

「自らの首絞める行為」

「飼いならしたい政権側」

番犬かポチか それは特定秘密!?

メディアと首相 危うい夜会食

2年間で40回以上

大手紙、キー局総なめ

記事24

「…安倍首相の夜会合は、歴代首相と比べても盛んだ。13 年 1 月の渡辺恒雄・読売グループ会長を皮切りに、朝日、毎日、日経、産経の全国紙や、フジテレビ、日本テレビ、テレビ朝日などのテレビキー局、共同、時事通信の社長や解説委員と次々と会食した。さらに中日 (東京)、中国、西日本などの地方紙の社長とも意見交換。首相のメディアとの夜会合は、この 2 年間で 40 件以上に上った。…」

（記事 24 「メディアと首相　危うい夜会食　2 年間で 40 回以上」東京新聞 2014・12・20 朝刊）

のように、この国では、メディア幹部が頻繁に首相などと会食しており、それは恥ずかしいことでもなんでもなく、出世の証でありむしろ自慢でもあるようです（記事24）。こういうところから上がってきたベテランたちが、各局のニュースやバラエティに出てきて、時にいかに自分が有力な政治家と繋がっているか、政治の裏に精通しているかをさりげなく、あるいは得意げに語っているのを見たことがある方も多いでしょう。まさかその方々はそういうことはなかったと思いたいですが、かつて野中広務官房長官が、官房機密費について政治家だけではなく評論家などにもわたっていると語

記事26

記事25

「…〔テレビ朝日によると〕女性社員は１年半ほど前から福田氏と１対１の会食を持ち、セクハラ発言を受けるようになり録音を始めた。今月４日の会食時にもセクハラ発言を受け、上司に被害を報じるよう相談した。しかし上司は本人が特定されるなどの「２次被害の心配」から、「報道は難しい」と伝えたという。…」

（記事 26 「録音「身を守るため」セクハラ被害上司対応せず」毎日新聞 2018・4・19 夕刊）


「小渕内閣で 1988 年から 89 年にかけて官房長官を務めた野中広務氏が 30 日、当時の官房機密費の取り扱いについて、「毎月５千万～７千万円くらいは使っていた」と暴露した。…評論家や当時の野党議員にも配っていたという。…」

（記事 25 「機密費「月 7000 万円使った」」朝日新聞 2010・5・1 朝刊）

り、その後、その金はどうもメディアの記者にも渡っていたらしいという噂が流れたこともあります（記事25）。いま、問題になっているセクハラ問題もその延長線上です。最初、テレビ朝日の記者は会社に告発しましたが、会社は対応しませんでした（記事26）。結局、「君、そのへんはお約束なのだから何とかやり過ごせ」ということです。それは、セクハラがいいことだということではなくて、そういう構造の中で仕事をしているんだから大人にいい、なれよ、という話ですね。今回、記者はそれを外部に出したわけですけど、何となく、その後のメディア企業の姿勢も歯切れが悪いように思えます。お約束を超えたことになってしまったので、これから取材ができなくなるのでは、と心配しているのかもしれません。[11]

6.「権威主義モデル」のひとつとしての日本

今日、これまでお話してきたことが荒唐無稽な話ではないとすると、日本のメディア制度は西欧型の「自由主義モデル」の中に位置づけられるとはとても言えず、むしろアジア型の「権威主義モデル」（国家の後見・操作のもとにおかれるメディア）に類別されるのではないかという気がしてきます。もちろん、自由主義モデルと一括りにしても、その制度・様式はアメリカ、イギリス、フランス、ドイツ、北欧それぞれ異なるのですが、すべて一応、国家権力とメディアが対峙することを基本とする形態をとっているといえます。しかし日本はそれらとは本質的に違い、むしろ、中国、シンガポールといった近隣の国々に近い制度・様式ではないかと思えるのです。まあ、世界全体を見てみると、本当の自由主義モデルの国々というのはむしろ少数であるので、日本がそうでなくても驚くには値しないのかもしれませんが……。

しかし、取材の自由など実は持ち合わせていないにも関わらず、日本のメディアはなぜ、ことあるごとに「取材報道の自由を守れ」「国民の知る権利を守れ」などと主張したりするのでしょうか。ないものを守れとはどういうことなのか……。私は、取材の自由はメディアがビジネスをやっていくうえで非常に便利な言葉であって、実は一つの「商標」のようなものなのではないかと思っています。権力との間で「境界線紛争」が起きたときに、その言葉によって一般市民との疑似的な連帯を作り出し、統治機構内での綱引きを有利に運ぼうということです。もしそうだとすると、最高裁が博多駅事件で取材の自由が「尊重」されるという微妙な言い回しをしたことは、実は政治権力にとってのみならず、メディアにとってもうま味のあることだったのかもしれません。

たとえば新聞週間などには、新聞は「特殊指定」の既得権を守るべく、産経から朝日まで各紙が大きな紙面を使って、「取材報道の自由を守ろう」と一大キャンペーンを行っています。また、4ですでに紹介したかつての「メディア規制三点セット」論もいま考えれば怪しいものです。そのときメディア〔業界〕は「メディアと市民が協力して権力の暴走を阻止しよう」と紙面などで呼びかけていましたが、都合のよいときだけ市民の味方ぶられてもちょっと困る……という感じです。メディアにとって、取材の自由とは実体がないがゆえに逆に使い勝手のいい、便利な言葉なのでしょう。

2017年6月、国連人権理事会の「表現の自由」に関する特別報告者、デーヴィッド・ケイ氏〔米カリフォルニア大学教授〕が、スイス・ジュネーブで開かれた同理事会で、日本ではメディアの自由が脅かされていると報告しました。面白いのは、これに対して読売新聞など一部のメディアがすごく怒ったことです。読売の社説は「杜撰極まりない代物である。日本の一部の偏った市民運動家らに依拠した見解ではないか」とまで述べています。日本ではちゃんと自由が確保されているというのです。読売は社説で、「政府は、放送局の独自性を尊重し、穏当な対応をしてきた。4条違反を理由に電波停止などの命令が出された前例はない。NHKと民放各社が第三者機関『放送倫理・番組向上機構』(BPO)を設立し、番組に問題がある場合には、放送局への勧告などを公表している」とも書いています(記事27)。しかしこれは、要は「折り合いがついているから、自由がある」という論法です。これこそが権威主義的メディアの思考です。デーヴィッド・ケイ氏は、「権威主義モデル」に自足しているこういう日本のメディアのことがおよそ理解できていなかったでしょうから、この反撃は意外だったのではないでしょうか。しかし私は、読売社説を見て「さもありなん」と思いました。

私は一部の人々によって、あるいは、ネット上などで展開されているいわゆる「マスゴミ」論は、その批判の先にある目標、理想がよく見えてこないので強く支持はできませんが、正直なところ、現在のリベラル派に色ワケされる新聞や雑誌に載っているような、いちおうはメディアと政府が対峙していることを前提としたメディア論

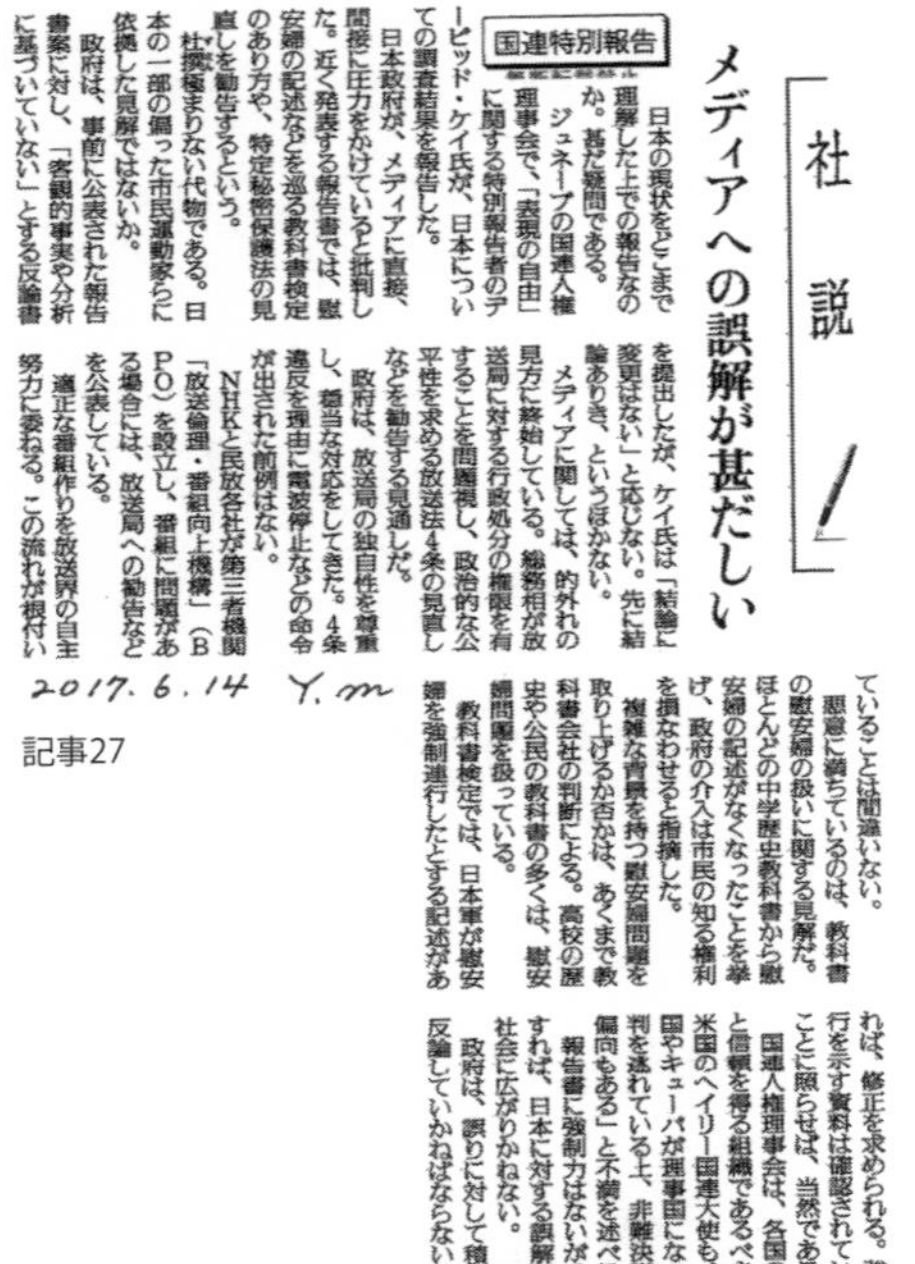
社説

メディアへの誤解が甚だしい

国連特別報告

日本の現状をどこまで理解した上での報告なのか。甚だ疑問である。

ジュネーブの国連人権理事会で、「表現の自由」に関する特別報告者のデービッド・ケイ氏が、日本についての調査結果を報告した。

日本政府が、メディアに直接、間接に圧力をかけていると批判した。近く発表する報告書では、慰安婦の記述などを巡る教科書検定のあり方や、特定秘密保護法の見直しを勧告するという。

杜撰極まりない代物である。日本の一部の偏った市民運動家らに依拠した見解ではないか。

政府は、事前に公表された報告書案に対し、「客観的事実や分析に基づいていない」とする反論書を提出したが、ケイ氏は「結論に変更はない」と応じない。先に結論ありき、というほかない。

メディアに関しては、的外れの見方に終始している。総務相が放送局に対する行政処分の権限を有することを問題視し、政治的な公平性を求める放送法4条の見直しなどを勧告する見通しだ。

政府は、放送局の独自性を尊重し、穏当な対応をしてきた。4条違反を理由に電波停止などの命令が出された前例はない。

NHKと民放各社が第三者機関「放送倫理・番組向上機構」(BPO)を設立し、番組に問題がある場合には、放送局への勧告などを公表している。

適正な番組作りを放送界の自主努力に委ねる。この流れが根付いていることは間違いない。

悪意に満ちているのは、教科書の慰安婦の扱いに関する見解だ。ほとんどの中学歴史教科書から慰安婦の記述がなくなったことを挙げ、政府の介入は市民の知る権利を損なわせると指摘した。

複雑な背景を持つ慰安婦問題を取り上げるか否かは、あくまで教科書会社の判断による。高校の歴史や公民の教科書の多くは、慰安婦問題を扱っている。

教科書検定では、日本軍が慰安婦を強制連行したとする記述があれば、修正を求められる。強制連行を示す資料は確認されていないことに照らせば、当然である。

国連人権理事会は、各国の理解と信頼を得る組織であるべきだ。米国のヘイリー国連大使も、「中国やキューバが理事国になって批判を逃れている上、非難決議には偏向もある」と不満を述べる。

報告書に強制力はないが、放置すれば、日本に対する誤解が国際社会に広がりかねない。

政府は、誤りに対して積極的に反論していかねばならない。

2017.6.14 Y.m

記事27

「…ジュネーブの国連人権委員会で、「表現の自由」に関する特別報告者のデービッド・ケイ氏が、日本についての調査結果を報告した。日本政府が、メディアに直接・間接に圧力をかけていると批判した。…杜撰極まりない代物である。日本の一部の偏った市民運動家らに依拠した見解ではないか。…」
(記事 27 「社説・メディアへの誤解が甚だしい」読売新聞 2017・6・14 朝刊)

に比べれば、まだ「メディアは権力の犬である」というこうしたマスゴミ論法のほうがましかな、と思っています。たしかに聞いていられないような罵詈雑言も含まれていますし、中には自らが「権力の犬」と化してメディアに罵声を浴びせかけているものもありますが……。しかし、ないものをあるように見せかけるものは、こうしたものに比べて一見良識的に見えて、私は本当の自由にとってより有害であると思います。

私はこれまで、日本の状況を改善するための方策として、入社前の大学における教育による記者の職業的な自覚の涵養と、その自覚が死なない環境を確保するための「企業内ジャーナリストの自由」の確立に期待をかけ、それを主張してきたわけですが[12]、最近はかなりトーンダウンしています。現在の状況でジャーナリスト性を持つすぐれた記者を養成し、彼らをメディア企業に送り出しても、結局、強固な権威主義的モデルの下では潰されてしまうでしょう。また、外部からいくら意識の高そうな記者に呼びかけ、「闘え」といっても、それは「死ね」と言っているようなものですから、無理です。教育がうまくいけばいくほど、次々と討ち死にする者が出てくることになる。残酷です。

7. どこに向かうのか

このように話してくると、どうにも救いようのない気がしてきますが、では日本のメディアはこれからどこに向かうのか。私はこの閉塞状況は、単に制度のどこかがおかしいというだけではなく、この国の人々の価値観や文化の反映でもあるがゆえに、小手先の措置で改善することはないと思っています。しかし一方では、今のままでは、今後この国に何かの異常事態——たとえば戦争などですが——が起きた時、メディアの転落に歯止めが効かない、つまりはアジア・太平洋戦争の時と同じようなことが繰り返されてしまうのではないかという強い危惧も抱いています。

そのような中で、私がいま、期待をつないでいることの一つは、いわゆる「探査ジャーナリズム(investigative journalism)」、つま

記事29

「日本テレビは10日夕方のニュース番組で、国家公務員法違反容疑で警視庁の取り調べを受けている神戸海上保安官を、系列の読売テレビ（大阪市）の記者が数日前に取材していたと報じた。…海上保安官は記者に自らの身分証を示したうえで、投稿した動機について、「あれを隠していいのか。私がこういう行為に及ばなければ、闇から闇に葬られて跡形もなくなってしまうのではないか。国民は映像を見る権利がある」などと語ったという。…」

（記事29 「海上保安官取り調べ 「職員なら見られた」」東京新聞2010・11・11朝刊）

記事28

「アフガニスタン戦争をめぐって民間サイト「ウィキリークス」が世界中へ瞬時に公開した機密文書は約９万２千点に上り、電子情報時代の内部告発の威力を見せつけた。…同サイトの創設者ジュリアン・アサンジ氏（39）は「新たな真実を暴いたからこそ、物議を醸した」と自信を示す。」

（記事28 「「真実暴き物議醸した」告発サイト　手法批判には反論」東京新聞2010・8・1朝刊）

り、既存のメディアから独立した、非営利の団体が行う、事件・状況の深部に迫ろうとする新しいジャーナリズムです。こうしたものが生まれた背景に、私は二つの事実があると考えています。ひとつは、既存のメディアがこれまで時折見せてきた「調査報道（investigative reporting）」、日本でいえば、文春がやった田中金脈報道（1974年）、朝日新聞によるリクルート報道（1988年）や吉田調書報道（2014年）のようなものです。もうひとつは、伝達方法としてのインターネットの普及に伴う新しい動き、たとえば、ウィキリークス機密公開や尖閣ビデオ（尖閣諸島漁船衝突映像）公開（記事28、29）など。こうした出来事は、この新しい情報伝達ルートで隠れた事実を社会に伝えることが、時として社会に大きなインパクトを与えうるのだということを私たちに体感させるものでした。

このほかにもちろん、アメリカのプロパブリカのピュリッツアー賞受賞（2010年）などの影響も忘れてはなりませんが（記事30）、とにかく、そういう流れの中で、今の閉塞状況を打破する可能性を秘めたものとして、日本でもたとえばワセダクロニクル（本書第2部Ⅳ参照）のような探査ジャーナリズムが動き始めたわけです。しかし、この新しい試みがこの国で根付くかどうか、楽観はできない、いやもっとはっきり言えば、非常に危ういよ

ネットメディアにピュリツァー賞

2010（H.22）. 4. 13（火）A. eve.

プロパブリカ記者
ハリケーン検証

【ニューヨーク＝田中光】米ジャーナリズム界の優れた業績に贈られるピュリツァー賞が12日、発表された。調査報道部門では、独自の紙面を持たずにインターネットなどで記事を発表している非営利の報道機関「プロパブリカ」のシェリ・フィンク記者が、「ニューヨーク・タイムズ・マガジン」（NYTM）とともに受賞した。ネットメディアの受賞は初めて。

同賞は昨年から、独自に紙面を発行しない組織の記事も審査対象にしている。受賞したのはハリケーン・カトリーナの災害医療現場の検証記事で、NYTM編集部と協力して書かれ、ネットと同誌で発表。災害で電力を失った混乱状態の病院で、医師が致死量を超えるモルヒネを患者に投与した様子などを描いた。

プロパブリカは、ウォールストリート・ジャーナルの元編集局長を主筆に2007年10月に設立。調査報道を専門にし、掲載を受け入れるメディアに取材結果を無料で提供するとともに、自分たちのサイトでも発表する。資産家の寄付によって支えられ、現在、32人の記者が所属。09年には、38のメディアに138本の記事を掲載してきた。

記事30

「…〔ピュリツァー賞を受けた〕プロパブリカは、ウォールストリート・ジャーナルの元編集長を主筆に2007年10月創立。調査報道を専門にし、掲載を受け入れるメディアに取材結果を無料で提供するとともに、自分たちのサイトでも発表する。資産家の寄付によって支えられ、現在、32人の記者が所属。09年には、38のメディアに138本の記事を掲載してきた。」

（記事30「ネットメディアにピュリツァー賞」朝日新聞2010・4・13夕刊）

うに私には思われます。たとえばプロパブリカは寄付によって成り立っていますが、日本にはほとんど寄付文化というものがないし、非営利のジャーナリズムの重要性も認識されていない。そもそもわれわれ一般人の考え方そのものが、「体制の内部にあるもの」に信頼を寄せる権威主義的な志向性を持っているのです。じゃあ商業ベースで、つまり広告やパトロンを得る方式でそういうことをやるとなると、またまたどこかで「折り合い」の問題が発生してくる。ですから、私は探査ジャーナリズムに強く期待はしますけれども、一方でなかなか厳しいかなという気もしています。

少し変な話ですが、私がいま期待しているもう一つのことは、既存のメディア業界が急激に衰退していくことです。現在、新聞の部数は伸び悩み、テレビも思うように視聴率を取れていません。広告収入は年々減っていき、その流れを食い止めることはもはや困難なように思います。では、最後にはメディア企業は潰れるのか。基本的

2018年(平成30年)2月21日(水)

「森友」巡り 国会答弁で5回

首相、止まらぬ朝日「口撃」

「間違い」「哀れ」持論展開

都合のよい部分だけ/米大統領のまね

記事31

「安倍晋三首相が先月末から国会の答弁で5回、学校法人「森友学園」問題に絡んで朝日新聞批判を展開した。自民党参院議員のフェイスブックにも朝日新聞を「哀れ」と書きこんだ。首相が公の場などで特定の報道機関のバッシングを続けるのは異例だ。…」

(記事31 「首相、止まらぬ朝日「口撃」「森友」巡り国会答弁で5回」毎日新聞 2018・2・21 朝刊)

には、現在の新聞・テレビは、政治権力にとっては統治システムの一翼を担う大事な存在ですから、お上はこれを簡単につぶしてしまうということはないと私は思っています。ただし、たとえば最近、安倍総理は朝日新聞のことを「恥ずかしい新聞」と侮蔑しましたが（記事31）、このような思考法で、権力側がメディアを選別し、一部を切り捨てる状況は当然あると思っています。また、大量のリストラ者が出てくる可能性もあります。

しかし、それでもそうなったら面白いなと私が不謹慎にも思うのは、私は少し前から日本映画史に興味をもっているのですが、映画界では、1958年に観客数が史上最多になったのち、そこから70年代はじめにかけて、十数年で映画館のお客が10分の1に減っているのです。その背景にあるのはもちろんテレビの普及で、この時代の急変によって、70年代はじめに大映は潰れ、日活はロマンポルノ路線になり、東映は太秦の撮影所を縮小して「映画村」などを経営したり、東宝も本体での映画製作を中止してしまいます。それまで日本の主要産業の一つとしてそれなりの地位を保っていた映画は、一気にガタガタになったのです。

しかし、映画史を見てみると、この悲惨な70年代のほうが、個々の作品そのものは全盛時よりも明らかに質的に向上しているように思います。また斜陽の60年代から70年代、80年代にかけて、映画界ではさまざまな面白い動きが起きました。たとえば、これは日本最大の言論闘争と言ってもよいと思いますが、「日活ロマンポルノ闘争」。この闘いには、日活の製作者だけではなく、他社の映画監督、フリーの映画監督、映画評論家、映画研究者など多くの人が「個人として」参加しました。ポルノと聞くといかがわしいですが、日活の一連のロマンポルノ作品、とくにその初期の作品の中には、いまみても感動的で知的興奮を生みだす作品が少なからず存在しています。また斜陽期になって、スター俳優などがお仕着せの企画ではなく、好きな映画を作りたいということで、三船プロダクション（1962年設立）や勝プロダクション（67年設立）など、個人プロダクションが生まれています。どれも後に経営がうまくいかなくなって、今は消滅したり、映画制作をやめたりしてしまいましたが、その意気やよし、と思います。それからアートシアター・ギルド（ATG）では、1000万円映画といって、監督と会社がそれぞれ500万円ずつ持ち寄って、小型の芸術映画を作っていこうという試みが生まれ、多くのすぐれた作品を送り出しました。80年代には若い映画監督たちが集まって資金を集め、映画を作り、配給を確保しようとする「ディレクターズ・カンパニー」のような組織も生まれました。このようなことはすべて、映画の客が少なくなって、秩序が崩壊した後に起きているのです。もしそうだとしたら、新聞界でも、どういう形になるかはわからないけれども、逆にこれからこそ面白いドラマが起きるかもしれない、つまり個人として「ジャーナリスト」という自覚と能力をもつ人が、これまでよりは公正な立ち位置で勝負できるようになるかもしれないと期待します。もちろん、権威主義的メディアの最終形のような、国策メディアとか国営メディアのような形に収まってしまう可能性も十分にありますが……。

自民党の改憲草案を見てみると、人権の総則の部分（12条）に「自由及び権利には責任及び義務が伴う」、「〔自由及び権利の行使が〕公益および公の秩序に反してはならない」と明確に書いてあり、表現の自由に関する21条には、これに重ねてさらに「公益および公の秩序を害する」表現行為の禁止が規定されています。自民党は、これらの部分について「現在の公共の福祉と変わらない」などと説明しているけれども、それは明らかにゴマカシで、「公の秩序」などというのは人権間の調整の理念である現憲法の「公共の福祉」とは全く正反対の言葉です。もし、この人権規定の改正が行われたら、この国では事実上「国策メディア」以外の存在は認められないことになるでしょう。

おわりに

　戦後70年、取材の自由を持たないこの国のメディアが行き着いた到達点は、「日本型ジャーナリズム」という異形のシステムでした。そして私は今日、そこ（メディア）にジャーナリズムを見出そうとしても無理なのだ、ということを申し上げてきました。そして、閉塞状況からの脱出口として、探査ジャーナリズム、そして、衰退の中で生まれてくるであろう動きに期待をかけました。

　最後に、もうひとつつけ加えるなら、それは「教育」です。私は、本当は中学や高校のうちに、国会や内閣や裁判所や地方自治などだけではなく、ジャーナリズムの歴史や意義、機能について、初歩だけでもいいので教育しておくべきだと考えています。しかし、実際に中・高の教科書を見てみると、なぜかメディアリテラシー、つまりメディアを批判的に見ましょうということだけを強調して教えています。でも本当に現代社会の構造を総体的に理解しようとするなら、政治システムだけではなく、ジャーナリズムのような下から生まれてきた社会システムの役割、構造、歴史についてもしっかり学ばなければ不十分で、これでは本当の社会の理解には達しません。

　また、大学でも、たまたまジャーナリズム関係の授業を履修したり、そのような学科にきましたというのであれば、講師さえしっかりしていればいろいろ学べるかもしれませんが、ほとんどの人はその機会のないまま社会に出て行くし、おそろしいことに、メディアで記者をやっている人ですらほぼそれを学ばないままメディア企業に入るわけです。そして上から「こんなものだよ」と仕事を教わると、結局は「公務」をやらされるだけになってしまう。むしろ、ある程度の知識を備えた、意識の高い人ほどなじめない、やりがいがないという結果になります。逆に、ＮＨＫの岩田明子記者のように、自分は商社なども受けたけどＮＨＫにたまたま入りました、今は首相とお近づきで、自分の集めた情報を政治に利用してもらったりもしています！と堂々と語るような人が生き生きしている。(13)がっかりしてしまいますが、これは歪んだ構造の中で生まれていることであって、もちろん岩田記者ひとりが問題であるということではないでしょう。

「取材の自由」のない中で、リアルにメディアやジャーナリズムを考えていくことは辛いことです。しかし私は、勘違いを増幅させるような、本当は自由がないのにあるように語ることが一番いけないと思っているので、あえて今日、このような話をさせていただいた次第です。

（2018年5月3日「世界『プレスの自由』デー」における講演、詳細は「あとがき」参照）

＊注

(1) 日本の裁判所（司法）の取材の自由に対するネガティブな認識を如実に示すのが、2018年1月に起きた「最高裁長官退任記者会見拒否事件」である。この時退任した寺田最高裁長官は、それまで11代の長官が行ってきた退任会見の開催を、突如「個別の裁判に関しては一切答えられない」「司法行政の今後のことは新長官に尋ねてほしい」という理由で拒否した。しかしこのようにメディアの取材の自由を「身をもって」否定した三権の長の姿勢に対して、メディアが特に強く抗議し、社会問題化することもなかった。（記事32）

最高裁長官 退任会見開かず

異例の対応 識者「開かれた司法に逆行」

記事32

「来月8日に定年退官する寺田逸郎最高裁長官（69）は退任の記者会見を行わない意向を報道各社に示した。最高裁長官の退任会見は慣例として前長官まで11代連続で開かれており、実施しないのは異例。「三権の長として語る場を自ら閉ざすべきではない」と疑問視する声が上がっている。…」

（記事32 「最高裁長官　退任会見開かず」毎日新聞 2017・12・29 朝刊）

(2) 補足すると、「取材源の秘匿」原則は、取材対象者が取材を受けたことで精神的・身体的・経済的不利益を被らないようにし、さらにそのことによって、メディアなどが情報提供先として安全であり信頼できる、という一般人の認識・評価を醸成し維持することによって、取材を側面から支援し、その自由を確保しようとするものであり、それゆえに「取材の自由」にとって重要なルールとみなされるのである。

(3) ジャーナリストやメディアは、取材によって収集した映像・音声・メモなどの資料について、報道目的以外に使用してはならない、すなわちそれらを、外部に見せたり、聞かせたり、渡したりしてはならないという倫理的ルール。その存在意義は「取材源の秘匿」の場合とほぼ同じ(注(2)参照)。

(4) 国家公務員法は、その100条1項で「職員は、職務上知ることのできた秘密を漏らしてはならない」と規定し、さらに同法111条は、「〔秘密の漏洩を〕そそのかし又はそのほう助をした者」も処罰の対象になると定めている。

(5) 刑法35条は、「法令又は正当な業務による行為は罰しない」と規定し、業務上正当な行為として行われた行為については、形式的に犯罪を構成する行為であっても、業務上正当なものとして認められれば、違法性がなく処罰の対象にならないと定めている。

(6) 民事訴訟法197条は、「職業の秘密に関する事項について〔法廷で〕尋問を受ける場合」には、「証人は、証言を拒むことができる」と規定している。

(7) たとえば、大石泰彦『メディアの法と倫理』嵯峨野書院、2004年において、私は次のように述べた(19頁)。「『取材・報道の自由』とは、マス・メディアの自由のうち、国民の知る権利に奉仕する目的で行われる諸活動の自由であり、表現活動の準備段階である取材活動の自由もその射程内に収める点に特色を有しています。そしてこの点に関しては…博多駅テレビ・フィルム提出命令事件の最高裁決定が、…確認しています。」

(8) また、この最高裁決定の後も、下級審における「取材の自由」の軽視は全くといってよいほど変化していない。たとえば、「泉北コミュニティー」という地域新聞が、「花いっぱいコンクール」という催しについて市立中学の校長に対し取材を申し入れたところ、これを同紙の報道姿勢にかねてより不快感を抱いていた同校長が拒否したため、この行為が「取材の自由」の侵害に当たるとして市に対して損害賠償を求めたいわゆる「花いっぱいコンクール」事件の判決(大阪地裁堺支部1997年11月28日判決、判例時報1640号148頁)は、明確に次のように述べている。「取材の自由とは、報道機関の取材行為に介入する国家機関の行為からの自由をいうにとどまり、それ以上に、取材を受ける側に法的義務を生じるような取材の権利をも当然に含むものではない。右の理は、取材対象が国、地方公共団体などの公的機関の場合も同様であり、取材の対象たる当該公的機関所属の公務員にその取材への応諾義務を課すという意味での取材の権利が、報道機関に対し、憲法上保障されているものではない。」

(9) そのようなものとして、たとえば、山下國誥『日本型ジャーナリズム――構造分析と体質改善への模索』九州大学出版会、1996年、がある。

(10) 重要な情報源である各種の権力機関、つまり、国会、中央官庁、都道府県庁、主要警察署、有料業界団体などに密着して設置され、それぞれの機関を担当する新聞・放送の記者によって構成される企業横断的な集団、および、その集団の拠点として権力から提供される場所。日本特有の制度と言ってよい。

(11) 政府は2018年6月12日、財務省幹部による記者セクハラ事件への対応策をとりまとめたが、その中では、セクハラ等の「取材環境の悪化」への対応策として、今後、「各省庁が記者クラブと意思疎通する場を設定する」ことが提示されている。しかしこれは結局のところ、「今後は、記者個人の人権にかかわるような問題までも、役所と業界（記者クラブ）で仕切らせてもらう」ということなのではないだろうか。（記事33）

(12) たとえば、早稲田大学ジャーナリズム教育研究所編『レクチャー現代ジャーナリズム』早稲田大学出版部、2013年の「第12講　ジャーナリズムの制度の倫理」（203~218頁、執筆：大石泰彦）。

(13) 岩田明子「取材対象に肉薄し情報交換して監視する　政治・事件の取材から学んだ『記者の極意』」ジャーナリズム321号（2017年）54~61頁。

記事33

「…〔官僚による記者へのセクハラの〕対策には報道機関を巻き込む内容が複数盛り込まれた。取材環境について各省庁が記者クラブと意思疎通する場を設定したり、メディアでの女性参画拡大を要請したりといった内容だ。…」

（記事33「セクハラ研修幹部に義務化　記者クラブとの協議の場設置」朝日新聞2018・6・13朝刊）

第1部

ジャーナリズム研究という不幸

——ないものを、あるかのごとく

I

イデオロギーとしての取材報道の自由
――問題提起をうけて

西土彰一郎

1．問題提起をうけて

大石泰彦教授は、本書の問題提起のなかで、取材報道の自由がないのにあるように語ることが一番いけないと指摘している[1]。この記述は、一種のイデオロギー批判として受け止められるべきであろう。

憲法学におけるイデオロギー批判については、ケルゼンの所説を基礎にした宮沢俊義教授の学説とそれを批判的に継承した樋口陽一教授の学説が広く知られている。宮沢教授は、論文「国民代表の概念」（１９３４年）において、法の科学の任務はイデオロギー批判であるとの問題関心の下、次のような説明を行っている。「その本質上現実と一致しなくてはならぬ科学的概念として自らを主張する表象であって実は現実と一致しないものを今ここでひろくイデオロギーと呼ぶ」。イデオロギーは「現実を蔽う機能を持つ。それは現実と一致しない表象、すなわち非支配層の希望・欲求に対して現実の仮面を与えることによって、現実の改革を無用だと考えさせる」。しかし、「ひとたびその現実との不一致が暴露され、科学理論の仮面が剥がれる時、それはイデオロギーたることをやめて理想に転化する」。理想は、現実の改革の規準として「現実に対して行動的に働きかける」(2)。

以上の宮沢教授の洞察から、樋口教授は、科学のなかでの法学の特殊性と科学一般の問題を抽出しているが(3)、それらにここで触れる必要はない。本稿の議論の対象である取材報道の自由にとって以上のイデオロギー批判が重要である理由は、次のような示唆を与えているからである。現在の日本における「取材報道の自由」の現実を見据えて、そのイデオロギー性を暴くこと、このイデオロギーを理想にまで転化すること、そして、この理想を改革の規準として取材報道の自由を実現するための制度設計を考えること、である。

大石教授の「問題提起」の実例分析は、「メディアと市民が協力して権力の暴走を阻止する」ことを謳う現在の日本の取材報道の自由のイデオロギー性を鮮やかに析出している。以上のイデオロギー性を理想に転化して制度設計の規準とすることが、「制度論」を語る者に何より求められている。この点でも大石教授の「問題提起」は、制度設計の二つの方向性を指摘している。第1に、調査報道にかけていくこと、第2に、衰退の中で生まれてくるものに期待すること、である。

本稿は、大石教授の「問題提起」と問題意識を共有しつつ、屋上屋を架することを自覚しながらも、主に制度論の切り口から取材報道の自由について検討することを目的とする。まず、誰の、何のための取材報道の自由かを確認するため、ジャーナリズムの定義を明確にしておく（2節）。次に、戦前の日本のジャーナリズム法制について簡単に言及した後（3節）、戦後の日本の取材報道の自由を規定した判例とそのイデオロギー性を、学説を参照しながら明らかにする（4節～7節）。そのうえで、制度設計の方向性と可能性について試論を展開したい（8～9節）。

2. ジャーナリズムの定義

ジャーナリズムについては、周知の通り、戸坂潤、清水幾太郎、鶴見俊輔等の論者による定義がある。このなかで、大石教授は「問題提起」において、ジャーナリズムを「世の中の事実（人間の営み）を被治者の視点で観察して、それを整理して問題点を摘示する営み、およびそれを支える理念」と定義している。また、花田達朗教授によれば、ジャーナリズムとは、ジャーナル（定期刊行物）中心主義を意味するという。すなわち、ジャーナルによって「同時代を恒常的に観察し、そこで何が起こっているのかという事実を探究し、時代と世界がどこに向かおうとしているのかを点検し、それらの結果を公衆（パブリック）に伝え、公衆に判断材料を提供しようという社会意識、そしてその活動のことである[4]」。

大石教授、花田教授によるジャーナリズムの定義の核心的要素は、「観察」である。そこから導き出される、「時代の自己観察」を行うジャーナリズムの社会的機能は、「公衆が知るべき事柄」、すなわち社会全体の状況を映し出す権力関係の中で隠蔽された事実を発掘し、伝えること（事実の発掘プロセス）、そのうえでシステム化した権力を批判すること（論評性・言論性）、である。そして、市民の「社会観察」に代行して、こうした自立した社会的機能を専門的に担い、遂行する職能としてのジャーナリストが登場する。ジャーナリズムは、専門性、現場性、客観性の三つの原則により支えられているとの大石教授の「問題提起」での指摘は、以上のことを端的にまとめたものである。

ジャーナリズムとメディアの関係をモデル化するならば、当初、ジャーナリズムを行う同志的結社であるメディアが20世紀に入り、広告収入からの内部補助によりジャーナリズムの経済的基盤を築くマスメディアへと変貌したといえる。多数者思考になっていく組織「ジャーナリズム」、ジャーナリストを「記者」へと変貌させる分業体制の問題点は大石教授により鋭く指摘されているところであり、メディアの商業化、組織化の中、市民の信頼の下、近代社会の機能分化を維持する上で必要なジャーナリズム機能を保持・改善していくことが社会的課題となる。１９０８年、アメリカの大学においてジャーナリスト養成教育が開始されたのも、この問題意識に立ってのことであろう。取材報道の自由も、ジャーナリズム機能の保持の観点から、制度論として検討されなければならない。

３．戦前の「ジャーナリズム」

戦前の日本でも、明六社に代表される結社ジャーナリズムから政論メディアを経て商業紙へと至る流れが大掴みであれ確認できる。ただし、日本の特徴は、商業誌に至る過程で「不偏不党」のイデオロギーが形成された点にある。新聞は、とりわけ１９１８年の白虹事件を契機に、政治色を薄め、政治的中立を標榜することにより、読者をより多く獲得するという商業誌のロジック、状況追随に堕す論理を追求するようになった(5)。もとより、新聞紙法、出版法等による言論規制がその背景にあったこともある。とりわけ、先進諸国ときわだって対比される特質を持っていたと指摘されている新聞紙法に基づく内務大臣の発売・頒布禁止処分（行政措置）を踏まえれば、政治色を薄めて経営安泰を図るのは一つの選択肢であったといえる。[6] さらにまた、日本でもジャーナリズムという職業の概念規定、職業規範の構築に対する努力が継続的にみられたものの、1920年代末に頓挫したという事情も絡んでいるのであろう。[7] もっとも、学問の自由について高柳信一教授が指摘していたように、[8] ジャーナリズムの自由も市民的自由の基盤の上に確立すべきところ、そもそも言論・出版の自由など市民的な自由一般が存立する基盤をもたなかった明治憲法体系の下では、[9] 仮にジャーナリズムの職業規範の構築に成功したとしても、権力への監視を行うことは不可能であった。

ともあれ、以上のようなメディアの商業化、特異な言論規制法の存在、ジャーナリズム職業規範構築の挫折といった複合的な要因により、すでに昭和初期に反体制的なジャーナリズム活動は存立する基盤をみなかった。[10] そしてジャーナリズムは権力の膨張に歯止めをかけることができず、日本社会を破綻に導いたのは論ずるまでもない。

他方で放送では、そもそも始めからジャーナリズムの活動する余地はなかった。放送の監理監督は、主として、無線電信法の委任にもとづく省令、通達、そして主務大臣（逓信大臣）の自由裁量により行われてきた。[11] 奥平康弘教授が指摘するように、放送番組の検閲をはじめ逓信官僚の恣意的な権力行使が横行していたのである。[12]

では、戦後の日本においては、取材報道の自由は存在したのであろうか。

4.「編集権」に対抗する「国民の知る権利」論

敗戦後、占領軍の指令による言論の自由に反する取締法規の廃棄、NHKの民主化運動、日本初の産業別全国組織である「日本新聞通信放送労働組合」（新聞単一）の結成（1946年2月）、そして何よりも日本国憲法の制定により、「国家からの自由」としての表現の自由、市民的自由が保障されるとともに、メディアの担い手たちの職能的自立化、メディア内部でチェック機能を果たす組織の確立を考える余地が生まれた。しかし、周知の読売争議等を経て、1948年3月3日のGHQの労働課声明と呼応する形で公表された日本新聞協会の編集権声明（1948年3月16日）に基づき、所有権、経営権に由来し、階層的一元的統制の権能を意味する「編集権」が根拠づけられた。経営者は、「編集権」の行使により現場のジャーナリストの自由な活動を抑えることが可能になったのである。

他方で、放送の分野では、1950年4月に成立した放送法、電波法、電波監理委員会設置法のいわゆる電波三法により、放送の自律の確保が図られた。放送では、公平かつ能率的な電波利用を確保するため、政府による調整が避けられず、電波法は行政に放送免許付与・監理監督権限を与えている。しかし政府は、これらの権限を放送内容への干渉のために濫用する恐れがある。そこで、政府を名宛人として放送の「不偏不党」「真実」「自律」の確保を明文化した放送法（1条の目的規定および同3条の番組編集の自由）、放送免許を基本的に「事業免許」ではなく「施設免許」として制度化した電波法、そして、内閣から独立した合議制の電波監理委員会に放送電波行政を担わせた電波監理委員会設置法により、放送の自律を三重に保障しようとした。しかし、1952年7月末に電波監理委員会が廃止されたことにより、政府による放送内容への規制や干渉を排除するための「自律」が揺らぐことになる。なぜなら、「放送行政権が政府の手中に握られ、放送免許や放送法の解釈、運用などに権力側が政治意図をフルに行使する道が開かれることになった」[13]からである。

以上のように、電波監理委員会の廃止が放送ジャーナリズムの発展経路に固有の歪みを及ぼした可能性があるが、これについては後ほど触れることにしたい。ここで注目しておきたいのは、日本放送協会（ＮＨＫ）を含めた放送事業者も、新聞と同様、「編集権」を有することが自明視されてきたことである。

戦前からの商業路線を引き継いだ新聞はもとより、巨大化した放送事業者（さらにはＮＨＫ）により一方的に流される情報が、マスメディア企業の「自主規制」を通して統御され、その多様性が喪失していると、１９６０年代以降しばしば指摘されてきた[14]。この「自主規制」は、市場の論理、場合によっては政治の論理を媒介する「編集権」を基礎にしていることは明らかである。こうした現実に対処するため、１９６０年代以降、日本において「国民の知る権利」論を強く主張し、取材報道の自由、機能的自由の回復を図る一つの土壌が出来上がったともいえるかもしれない。

5．「国民の知る権利」による報道「機関」の特権化

最高裁判所も「国民の知る権利」により取材報道の自由を基礎づけている。ただし、これには注意を払うべき点がある。

(1) 博多駅事件決定の構造

まず、大石教授の「問題提起」で言及されているように、刑事事件での取材源証言拒否が問題になった1952年の石井記者証言拒否事件（最高裁大法廷1952年8月6日判決、最高裁判所刑事判例集6巻8号974頁）において、最高裁は取材の自由を憲法21条の保障の外に置いているかのような説明を行った。憲法21条の保障の趣旨は、言いたいことを言わせることであり、これから言いたいことの内容を作り出すための取材について、その情報源の秘匿権まで保障するものではないというのである。しかし、その後、法廷における写真撮影の許可制が問題になった1958年の北海タイムス事件（最高裁大法廷1958年2月17日判決、最高裁判所刑事判例集12巻2号253頁）において、最高裁は「新聞が真実を報道することは、憲法21条の認める表現の自由に属し、またそのための取材活動も認められなければならない」と指摘して、取材活動も憲法21条の保障が及ぶかのような口吻を洩らした。そして1969年に裁判所による取材物提出命令を放送局が拒否できるのかが問題になった博多駅テレビフィルム提出命令事件最高裁決定（最高裁大法廷1969年11月26日決定、最高裁判所刑事判例集23巻11号1490頁）が出された。この決定は、次のような有名な文章を残している。

「報道機関の報道は、民主主義社会において、国民が国政に関与するにつき、重要な判断の資料を提供し、国民の『知る権利』に奉仕するものである。したがって、思想の表明の自由とならんで、事実の報道の自由は、表現の自由を規定した憲法21条の保障のもとにあることはいうまでもない。また、このような報道機関の報道が正しい内容をもつためには、報道の自由とともに、報道のための取材の自由も、憲法21条の精神に照らし、十分尊重に値いするものといわなければならない」。

博多駅事件決定における以上の指摘は、次の2点において興味深い。

第1に、博多駅テレビフィルム提出命令事件決定は、北海タイムス事件と同様、報道機関による事実の報道も憲法21条により保障されると明言しているが、その際に国民の知る権利の奉仕をその根拠に挙げていることである。伝統的に、意見表明と区別される事実の報道は表現の自由の保障を受けるのか争いがあったものの、国民の知る権利を媒介させることにより後者も憲法21条の保障の対象であることを明らかにした。ただし、事案の性格上、報道「機関」の報道があくまで問題にされていることに注意する必要がある。

第2に、報道機関の取材の自由は、報道の自由とは異なり、憲法21条の保障のもとにあるとは述べずに、「憲法21条の精神に照らし、十分尊重に値いする」と指摘するにとどめていることである。この言い回しが選択されたのは、北海タイムス事件と同様、報道機関の取材活動の重要性を認めつつも、取材の自由を憲法21条の保障の外に置いているかのような説明を行っていた石井記者証言拒否事件との整合性を図るため、また、取材の自由は対抗利益との調整を図る必要性が高いため、との考慮の結果であるように思われる。

(2) 取材の自由の二分化

以上のように、最高裁は、報道機関の報道の自由と取材の自由の間に保障の程度の点で差異を設けている。しかし、近年の憲法学説でも指摘されているように[15]、博多駅テレビフィルム提出命令事件とレペタ事件最高裁大法廷判決（最高裁大法廷1989年3月8日判決、最高裁判所民事判例集43巻2号89頁）を突き合わせることにより、最高裁の中でさらに重要な別の区別がなされていたことが判明する。

法廷警察権を理由に裁判傍聴人の筆記行為を原則禁止することの合憲性が問題になったレペタ事件において、最高裁は、市民の筆記行為の自由、すなわち市民の取材の自由は、憲法21条の精神に照らし、「尊重」されるべきであると説く。さらに、「司法記者クラブ所属の報道機関に記者に対してのみ法廷においてメモを取ることを許可することも、合理性を欠く措置ということはできない」とも述べる。ここですぐに分かるのは、報道「機関」の取材の自由と市民の取材の自由（筆記行為の自由）の間の区別（「十分尊重」と「尊重」）、そして記者クラブ所属記者とそうでない者（主としてフリーランスのジャーナリスト）の間の差別化が正当化されていることである。フリーランスは「市民」の取材の自由を享有しているにすぎないともいえよう。このことは、大石教授の「問題提起」でも指摘されているように、京都市記者クラブ訴訟（最高裁小法廷1996年9月3日判決、判例集未登載）、判決要旨交付拒否訴訟（東京高裁2001年6月28日判決、訟務月報49巻3号779頁）でも顕在化している。行政の広報活動の一環、裁判所にとっての便宜により、報道「機関」とそれ以外が選別されているのである。

なお、市民の意見表明の自由についても触れておく必要があろう。最高裁は、東京都公安条例事件判決（最高裁大法廷1960年7月20日判決、最高裁判所刑事判例集14巻9号1243頁）の中で、「純粋な意味における表現といえる出版等」と集会やデモ等の「集団行動による表現」を区別して、後者の自由に関する限り、「公安条例」をもって法と秩序を維持するに必要かつ最小限度の措置を事前に講ずることはやむを得ないと判示して許可制を合憲としている。「客観的公平性」を謳うマスメディアにより取り上げられない意見が政治や社会を動かすうえで重要な機能を担う市民の「集団行動による表現」は、学説の指摘するように[16]、憲法21条の保障において劣るものと位置づけられているように読める。

(3) 小括——歪んだ取材報道の自由

以上の諸判例を関連づけてまとめるならば、最高裁は結局のところ、社会的権力である組織を「報道」機関と偽装して[17]、取材報道の自由の主たる享有主体としたと述べても言い過ぎではなかろう。そうであるならば、例えば、①取材行為の制限の合憲性が問題になる国家秘密へのアクセス、②将来の取材行為を著しく困難にする措置の合憲性が問題になる取材源秘匿権、取材資料提出拒否権[18]も、報道「機関」が主役たる地位を占めることになる。現に、①に関する外務省機密漏洩事件最高裁決定（最高裁小法廷1978年5月31日決定、最高裁判所刑事判例集32巻3号457頁）は、次にように説く。「報道機関の国政に関する報道は、民主主義社会において、国民が国政に関与するにつき、重要な判断の資料を提供し、いわゆる国民の知る権利に奉仕するものであるから、報道の自由は、憲法21条が保障する表現の自由のうちでも特に重要なもの」である（強調本稿筆者）。

もっとも、「十分尊重」されるべき報道「機関」の取材の自由といえども、憲法21条により保障されていると明言されていない以上、また、京都市記者クラブ訴訟や判決要旨交付拒否訴訟で示されたように、行政や裁判所の裁量により「特権」が与えられている以上、「記者等もまた一般市民とおなじ制限に服する地位におとしめられる法的可能性もありうる[19]」。そのため、大石教授が「問題提起」において指摘する通り、報道「機関」が公権力と「折り合いをつける」ことになるのは、当然と言えば当然である。そして、報道「機関」の経営者は「編集権」をちらつかせることにより、権力関係の中で隠蔽された事実を発掘し、伝え、権力を批判する現場のジャーナリストを抑え込もうとし、報道「機関」の分業体制の中で「記者」へと変貌した者はこの圧力に接して萎縮する。いや、むしろ積極的に報道「機関」の経営者、そして権力の片棒を担ごうとする者すら登場する。そうしてジャーナリズムは置き去りにされてしまう。こうした実例は、大石教授の「問題提起」により生々しく記述されているところである。

6. 放送分野の問題

(1) 構造規制と内容規制

以上の問題状況は、とりわけ法制度上の問題を抱えている放送の分野において、深刻な作用を及ぼす。

現在の放送制度の問題は、前述の通り、電波監理委員会の廃止に帰着する。なぜなら、同委員会廃止後、郵政大臣が法律の根拠なく「チャンネルプラン」と呼ばれる周波数の割当計画を策定し、どの地域にどの程度の放送事業者を置くかという基本的な放送政策を担うようになったからである。具体的には、免許申請の際に非公式な調整、いわゆる一本化調整が、規制当局の下支えの下、政権与党、知事、新聞社、経済界等を調整者として行われるようになったため、とりわけ政権与党はいわば構造規制を介して放送事業者に対し番組面も含めた強い影響力を行使してきた可能性があるとも指摘されているのである。1960年代に問題となった著名な事例として、『ひとりっ子』放送中止、『判決』放送中止、『ベトナム海兵大隊戦記』第2部・第3部放送中止、『ハノイ　田英夫の証言』への抗議などがある。[20]

また、現行の放送法4条は、放送事業者に対して、放送番組の編集にあたり、公安・善良な風俗の維持、政治的公平、事実の報道、多角的論点の提示を求めている（番組編集準則）。以上の項目は、公安・善良な風俗の維持をさておくとしても、報道の基本的倫理を謳ったものである。したがって、多くの学説は、番組編集準則を法規範としての性格を有さない、まさしく「倫理規定」として把握する。[21] しかし、現在の政府解釈によれば、総務大臣は放送事業者に対して番組編集準則違反を理由に業務停止（放送法174条）や放送局の運用停止（電波法76条）等を（いろいろな条件を付けているとはいえ）命令できるという。そのうえで、総務大臣は放送事業者に対し番組編集準則違反を理由とした行政指導を行っているのは周知の通りである。この行政指導は放送局の運用停止処分等の可能性を前提とした事前警告の意味を持つため、まずは行政指導を避けようとする意識が放送局に働きやすくなる。[22] そして、放送局が「編集権」を介して番組制作者に圧力をかけることにより、政府の監視という役割を担う報道が、逆に政府により実効的に監視される状況が生まれている。

⑵ デービッド・ケイ教授報告に対する反応

以上の状況に照らし、国連人権理事会の特別報告者デービッド・ケイ教授による2017年5月29日の「言論と表現の自由の啓発と保障についての日本調査報告」[23]が、日本政府に対し放送法4条の見直し・廃止を勧告したのには、理由がある。しかし、大石教授の「問題提起」において触れられていた通り、2017年6月14日読売新聞朝刊社説は、この調査報告を「メディアへの誤解が甚だしい」として批判している。この中で、当該社説は次のように指摘している。「政府は、放送局の独自性を尊重し、穏当な対応をしてきた。4条違反を理由に電波停止などの命令が出された前例はない」。

確かに、社説の言う通り、放送法4条違反を理由とする行政処分がなされたことはない。しかし、行政処分の事前警告としての意味を持つようになった行政指導による放送局の萎縮効果にも注視すべきである。また、2014年11月に政権与党である自民党が在京テレビ局に対し選挙報道の公正中立を要請したことや、2015年4月に同じく自民党が番組内容をめぐりＮＨＫとテレビ朝日を聴取したこと等、放送法を背景とした政権与党による圧力も考慮に入れる必要がある。独任制行政機関である総務大臣が放送の監理監督を行っている以上、放送局は、こうした事例において政府の本音を政権与党が代弁していると捉え、萎縮する恐れが強いのである。[24] 当該社説は言及していないが、調査報告は放送法4条廃止とともに放送メディアの独立規制機関の設立をも勧告していたことにも注意しなければならない。

(3) ご都合主義

ところで、2018年3月に、「放送（NHK除く）は基本的に不要に」と述べる内閣府の規制改革推進会議ワーキンググループの放送制度改革案が報じられた。ケイ教授による放送法4条見直し・廃止の勧告に異論を唱えていた政府が1年も経たない内に放送法制度を根底から見直すというその思い付きに溢れたご都合主義には驚くしかない。ただ、本稿は、ここでも、放送事業見直しに対して「番組の劣化と信頼失墜を招く」と批判している2018年3月25日読売新聞朝刊社説に注目したい。

この社説は、放送制度改革案を全否定するのに等しい批判を展開している。確かに、この社説の批判は、2017年6月14日社説と平仄が合っている。また、「放送文化は競争政策では育たない」との指摘も首肯できなくもない。しかし、新聞とともに放送もジャーナリズムの擁護を謳うのであれば、規制の撤廃は歓迎すべきことであろう（規制の廃止に向けて闘ってこなかったことが、そもそもの問題の本質であろうが……）[25]。社説が懸念する規制撤廃によるフェイクニュースの氾濫については、ジャーナリズム倫理の確立を基礎条件に、そのさらなる発展を既存のマスメディア全体が一丸となって後押しすることにより、ある程度は対処可能である。にもかかわらず、規制に頼るのには、次の2つの理由があるからであろう。

第1に、新聞も含め、マスメディア全体がジャーナリズム倫理の確立を怠ってきたからである。確かに、放送分野では、BPO（放送倫理・番組向上機構）が設置されている。しかし、これは大石教授の「問題提起」が的確に指摘する倫理の「外注化」に他ならない。花田教授が説くように、倫理を語る以上、自律的、実践的、能動的な個々の主体を前提にせざるをえない。[26] にもかかわらず、一方で倫理を「外注化」し、他方で「編集権」により、かかる主体の自律的な活動を抑えてきた、そして今後も抑える余地を残そうとしている。これでは、フェイクニュースの氾濫等に対抗できる強靭なジャーナリズム倫理を確立することは不可能である。このことを読売新聞はよく弁えているのであろう。

第2に、放送事業を産業政策の文脈で捉える一本化調整に代表されるように、行政（内閣府ではなく、郵政省・総務省）による産業保護を求めることに関心があり、そのために「公権力と折り合う」必要があるからである。これは、前述の京都市記者クラブ訴訟、判決要旨交付拒否訴訟で顕在化した構造と同じである。そして、テレビ、ラジオ、新聞の系列化を基礎に、同じく再販売制や特殊制定の恩恵を受けている新聞が放送「規制」、それを担う行政当局、そして、通信事業者にとり垂涎の的である系列放送局の電波使用を援護するのは見易い道理である。

7.「体制維持装置」としてのマスコミ

以上のように、大部数獲得を目指す新聞と放送がそれぞれ「特権」を抱え込んで系列化することにより、政府のメディア規制が効率化した一方、判例により正当化された報道「機関」の取材報道の自由と市民・フリーランスのそれの区別に基づき、報道「機関」は、場合によっては、参加、社会的コントロール、アクセス権等を主張する市民に対して（市民的自由と同質ではない）「表現の自由のうちでも特に重要な」報道の自由を持ち出してこれを退けることが可能となったともいえよう。実際に、評価は分かれるものの、サンケイ新聞事件（最高裁小法廷

１９８７年4月24日判決、最高裁判所民事判例集41巻3号４９０頁）は、記事等により批判、攻撃を受けた者が、名誉毀損にあたらない場合であっても、同一メディア、同一スペースを使って反論する権利を意味する広義の反論権は、「民主主義社会において極めて重要な意味をもつ新聞等の表現の自由」（強調本稿筆者）に重大な影響を及ぼすものとして、具体的な成文法がない以上、この権利を認めることはなかったし、「生活ほっとモーニング」事件（最高裁小法廷２００４年11月25日判決、最高裁判所民事判例集58巻8号２３２６頁）は放送法上の訂正放送は「国民全体に対する公法上の義務」として訂正放送等を求める被害者の私法上の権利を否定した。

ここに至り、前述の通り公権力と折り合いをつけ、記者を産出し続けて、市民の言論の自由を抑圧するシステムと化した報道「機関」は、本書の花田教授の論文が抉り出したように、「体制内化して権力機構・統治機構の一部として有効に作動しており、メディア権力として、かつ体制維持装置としてむしろ順当に機能」することになる。この組織が報道機関を偽装した日本「マスコミ」である。[27]

なお、殊に放送事業者が政府・与党の様々な番組介入に抵抗することがまったくなかったとはいえない（朝日新聞２０１８年3月24日朝刊、毎日新聞同年3月29日朝刊等における民放幹部の匿名コメント）。しかし、それでも、こうした抵抗は「不偏不党」イデオロギーに依拠するものであり、それは商業的利益のためではないか、他方、「不偏不党」イデオロギーを盾に「編集権」を介してジャーナリストの活動を押さえこんできたのではないか、検証する必要はあろう。

その一方で、前述の通り、記者は「編集権」に対抗せず、むしろマスコミの論理に凭《もた》れてジャーナリズムを置き去りにしたことは、重ねて指摘しておかねばならない。ジャーナリストであれば、例えば外務省機密漏洩事件や椿発言事件等を職能全体に対する侵害として把握していたはずである。しかし、どうも日本のマスコミとそこに所属する記者は、西山記者個人の問題、テレビ朝日一局の問題として冷淡な態度に終始したように思える。日本の取材報道の自由の淵源は「編集権」であり、「編集権」が日本「マスコミ」の本質をなすといわざるをえない。

8．誰の、何のための取材報道の自由か

(1) 専門性＝プロセスの自律

さて、判例とは異なり、憲法学説は「表現行為の必然的前提としての取材行為もまた、ひろい意味で表現行為に包摂される[28]」として、報道の自由はもちろん、取材の自由も憲法21条によって直接保障されると理解するのが一般的である[29]。この見解の背後には、表現の自由一般を情報の自由な流通の保護という客観的原理（制度目的）の観点から再構成する思考形式が控えている[30]。

問題は、取材報道の自由をマスコミたる報道機関と市民（およびフリーランス）の間で区別する最高裁の考え方に対する学説の姿勢である。この点について、近年、社会的権力である報道「機関」と市民の区別に代えて、個人（自然人）に立脚して「プロの法」と「アマチュアの法」の区別を採用する説が有力に主張されている[31]。すなわち、憲法21条は、事実を発掘する取材、事実を伝達する報道の各自由を一般市民（アマチュア）に対して直接保障している一方、表現の自由の客観的原理（制度目的）に奉仕する専門性を有する者（プロ）に対しては、この制度目的の実効性の観点から一般市民には認められない次にみる取材源秘匿兼等の「特権」を与えて説明責任等の「義務」を課すことが正当化される（もっとも、プロによる論評・言論はアマチュアによる意見表明と同レベルの保障

を受けることになろう）。

プロ、専門性については、大石教授の「問題提起」で説明されている。ポイントは、事実を発掘していくプロセスを支える技能と実践知を有していること、それらを自己の行動準則（すなわちジャーナリズムの基本的倫理）として自ら設定、体系化できる能力を有していること、にある。したがって、プロは、先に触れた通り、自律的、実践的、能動的な個々の主体を前提にしており、「プロの法」とは、この主体の長期に及ぶ精神プロセスの自律を支えることを目的とする。この法は、ジャーナリスト養成教育の整備に向うこともあるし、プロセスに組み込まれた権利論という形をとることもある。後者の権利論は以下で触れる内部的自由はもとより、判例において報道「機関」の活動に即して展開されてきた①国家機密へのアクセス、②取材源秘匿権、取材資料提出拒否権等も[32]、当然に「プロ」たる個人に対して認められなければならない。例えば、取材源秘匿権に関して、「報道関係者の証言拒絶権は、報道関係者自身の利益のため、または内部告発者を保護するためではなく、報道が自由な情報の流通に対する公衆の利益に資するからこそ認められる[33]」と指摘されている通りである[34]。そして、取材の自由を原則として、真実発見および裁判の公正、国家秘密保護等の政府利益を例外とする「原理に即した解決」を志向する点で多くの学説の一致が見られる[35]。

(2) マスメディアに踏みとどまるか、旅立つか

取材報道の自由をプロとしてのジャーナリストに立脚して把握するのであれば、企業ジャーナリズム（マスメディア）のあり方も再検討する必要がある。

大石教授の「問題提起」が指摘しているように、社会が拡大し複雑化すれば、個々の「プロ」の能力を集約し、

活動の目的・力点を設定し、役割を分担し、意思決定を行う組織がどうしても必要になることは否定しがたい。この現実を見据えたうえで、組織の原理をジャーナリズムの価値の観点から反省することにより、記者をジャーナリストへと再転換させる機会を確保しておくべきであろう。やや図式的に説明すると、下記のようになる。

市民的自由を基盤とする取材報道の自由は、ジャーナリストと市民の信頼関係を保護する機能的自由である。隠蔽された事実を発掘する技能、実践知、倫理に対する市民の信頼を保護すること、そして権力や大衆からの反発を必然的に伴う言論活動をとりわけ少数者市民になり代わって行うことへの期待を保護することが、この自由の目的である（丸山眞男による「する」ことと「である」ことの区別の指摘からすると異論もあろうが……）。

マスメディア組織においてはさらに、この機能的自由を堅固なものとする手段として、第1に、職責を果たそうとするジャーナリストのため、市民が例えば放送分野でかつて存在した電波監理委員会等の独立行政委員会を介して企業に社会的コントロールを及ぼしていくメカニズムを構築すべきである一方、(36) ジャーナリストの内部的自由を保障すべきである。内部的自由とは、一般にはマスメディア企業に対してそこに属するジャーナリストが要求しうる様々な精神的自由の総称である。具体的には、編集・編成方針への参加権、人事参加権、編集・編成方針拒否権、社外でのジャーナリズム活動権、ジャーナリスト教育を受ける権利等を指す。ただそのうえで、本稿では、社会的コントロールの一形態として、ジャーナリストによる企業内監督としての機能を内部的自由が担っていることに注目したい。第2に、公権力、社会的団体からの干渉を排除する外部的自由を保障しなければならない。

以上の各レベル内、レベル間の緊張関係・相互作用・質的転化の動態による批判的公共圏の展開がマスメディアにおける取材報道の自由の制度目的である。なお、政府による調整が不要である新聞では、独立行政委員会を介した社会的コントロールの代わりに内部的自由の確保が焦点になるはずであろう。

もっとも、ソーシャルメディアの普及に伴い、広告収入からの内部補助によりジャーナリズムの経済的基盤を築いてきた20世紀初頭以来のマスメディアモデルが、現在、窒息している。マスメディアモデルに凭れて発展してきた日本「マスコミ」も衰退することが予想される。その中で、大石教授の「問題提起」が示すように、マスメディアの閉塞化に見切りをつけたジャーナリストの連携という動きも、日本映画史に照らせば必ずしも非現実的でないように思われる。そうであるならば、法制度論としては、かかる連携の自律の保護にも目配りする必要がある。

近年、市民からの寄付等を募ってインターネット上で（しかもグローバルに）ジャーナリズム活動を行う報道ＮＰＯが各国に存在し、ジャーナリストの同志的結社の性格へと回帰する動きが見られる。[37][38] アメリカの「プロパブリカ」がその代表例である。報道ＮＰＯに対しては、その性格上、内部的自由の確保等は不要である。しかし報道ＮＰＯの持続的発展可能性は、なお不確実である。そこで、報道ＮＰＯをはじめとするジャーナリズムに対する寄付・支出は「民主的社会を維持するうえで必要な費用」として「税制面から優遇し、その支出が増えていくことを誘導」するとともに、[39] 公共メディアの存在がジャーナリズムの保証として重要となる。

公共メディアの第1の役割は、報道ＮＰＯと質的に同じである。したがってジャーナリズムの機能を実質的に充足するために、マスメディアである既存の公共放送ＮＨＫの組織もジャーナリストの同志的結社の論理に沿って組み立て直す必要がある。すなわち、公共放送ＮＨＫは、ジャーナリストと視聴者のネットワークのため、内部的自由と市民参加の確保が求められる。そのうえで第2に、独立行政委員会を通して社会的コントロールを受ける公共放送ＮＨＫ（そこに集うジャーナリスト）は現在の二元体制の中でのように自足せずに、例えば報道ＮＰ

O・フリーランスとの合同調査や発表の機会の提供によりジャーナリズム全体を深化・拡充させる役割、ジャーナリズム・ネットワークの構築を促す役割を担うべきである。

でも、それは可能なのか……

9．ジャーナリズムの再生は可能か？

ここまで来て、もう一度、大石教授の「問題提起」を読み直すと、しかし果たして、市民とジャーナリストの信頼関係の法的保護に収斂する以上の制度構築は可能であるのか、かかる疑念が頭をもたげざるをえない。「問題提起」に登場するような「記者」は掃いて捨てるほどいる。しかし、日本にジャーナリストはいるのか。前述の通り、「編集権」が生き延びていることからしても、悲観的にならざるをえない。また、荒瀬豊は「与件としての自由がどれほど確保されていたか、あるいは許されたか、と設問することは、じつはジャーナリストの思想・行動を根底から侮辱することがらである」と喝破した[40]。逆説的であるが、市民との信頼を保護して取材報道の自由を確保しようとする本稿のような立場に対して、記者はこれを歓迎し、ジャーナリストはこれを侮辱と感ずる。例えば特定秘密保護法の適用にあたり、報道または取材の自由に十分に配慮しなければならないことを定め（1項）、出版または報道の業務に従事する者の取材行為については、専ら公益を図る目的を有し、かつ、法令違反または著しく不当な方法によるものと認められない限り、正当業務行為とする（2項）同法22条を侮辱として受け止めるマスコミ関係者はどのくらいいるのであろうか。

他方で、ソーシャルメディア等におけるフィルター・バブルの存在の指摘が示すように、他者の視点をも考慮して社会現象を観察し行動に移す個人は少なくなりつつあるように思える。知の普遍的なありかたを追究しようとせずに、直接的で労苦もかからない、偶然的で恣意的な考え[41]に身をゆだねる個人がジャーナリズムに対して寄付することはなかろう。

「具体的な状況に即して何を欲するかではなくて、何をできるかを考える」[42]聡明な現実主義からすれば、本稿の冒頭で述べたように、イデオロギーを理想に転化し、それを制度設計の規準とするだけでは一般論としては無力である。本書の花田教授の論攷が鋭く説くように、マスメディアにあって「あってはならないもの」と「なくてはならないもの」が入り混じってせめぎあう状態にあるのであればともかく、そうではない体制維持装置と化した日本「マスコミ」においてはジャーナリズムの価値観からこれを批判するのは見当違いかもしれない。ジャーナリズムの価値観の光は、体制維持装置の中には届かない。マスメディア組織における内部的自由の確立を求めることも徒労に終わる。

しかし、本書第2部の執筆者のように、日本において数少ないとはいえ「記者」ではないジャーナリストも存在するし、彼らの取材報道により救われた市民もまたいるはずである。そして、マスメディアモデルに凭れて展開してきた日本「マスコミ」が衰退し、矛盾が露呈しつつあるとの現状認識のもと、取材報道の自由のイデオロギー性を剥いでそれを理想・価値へと反転させ、さらにこの理想・価値を戦前の現実の否定として位置付けるのであれば[43]、ジャーナリズムの価値観はその光を照らして衰退の中にある制度の矛盾を暴露し、一方当事者の行動原理を示して覇権をめぐる闘争を促す契機となるようにも思われる。この動態の中で自由の獲得を求めるジャーナリストと市民の連携の動きが生じるのであれば、それに規定された法制度の新たな形が浮かび上がってくるはずであり、報道ＮＰＯの持続的発展可能性の保護はその一つのありようであると思う。

確かに、体制維持装置と化した日本「マスコミ」に対して困難な闘争を挑むことなく、その自然衰退に期待を寄せるだけの者が、ジャーナリズムの価値を共有する強靭な主体となりうるのか、疑問がないわけではない（丸山の言う「である」ことによる権利の根腐れ）。「する」ことをしないこうした者は、現在の日本においては、市民も含め多数派であろう。しかし、そうであったとしても、インターネット時代の今日、日本の枠を超えたジャーナリストの連携により、日本の自称ジャーナリストや市民「である」者が外国のジャーナリストにより鍛えられることを一縷の望みとしたい。いや、ジャーナリストに国籍はなく、「日本人」「記者」に拘泥する必要はない。インターネットを介した市民とジャーナリストの活動の連動、信頼関係の生起、この関係の生成の契機を保護するに至る文化（ひいてはかかる文化・実践知を土台とする法制度）形成のプロセスは、早晩トランスナショナルの次元で発生し展開することになろう。

こうした望みを抱きつつも、今はただ、この国の中で、「自由の理念は破壊不可能なものであり、それは深く沈めば沈むほど、やがていっそうの強い情熱をもって再生するであろう」[44]というケルゼンの言葉を噛みしめる。

＊注

（1）本書の問題提起「『取材の自由』のない国で、いま起きていること」を参照。以下、「問題提起」と記す。
（2）宮沢俊義『憲法の原理』岩波書店、１９６７年［初出１９３４年］、86頁以下。
（3）樋口陽一ほか「憲法学の方法」法律時報40巻11号、１９６８年、４頁以下。
（4）花田達朗『ジャーナリズムの実践』彩流社、２０１８年、８頁。本書所収の木村英昭「『ジャーナリズム』という日本語のトリセツ」も参照。
（5）香内三郎「政論ジャーナリズムから営利ジャーナリズムへ」『講座現代ジャーナリズムⅠ』時事通信社、１９７４年、40頁。原寿雄『ジャーナリズムの思想』岩波書店、１９９７年、96頁以下。
（6）奥平康弘「ジャーナリズムと法律」『講座現代ジャーナリズムⅣ』時事通信社、１９７４年、31頁。原・前掲注(5)、97頁。
（7）別府三奈子『ジャーナリズムの起源』世界思想社、２００６年、３０１頁。

(8) 高柳信一『学問の自由』岩波書店、1983年、36頁以下。
(9) 奥平康弘『表現の自由Ⅰ』有斐閣、1983年、140頁以下。
(10) 奥平・前掲注(6)、31頁。
(11) 奥平康弘「放送法制の再構成」東京大学社会科学研究所編『戦後改革 3政治過程』東京大学出版会、1974年、381頁以下。内川芳美『マス・メディア法政策史研究』有斐閣、1989年、298頁。松田浩『ドキュメント放送戦後史Ⅰ』双柿舎、1980年、5頁以下。
(12) 奥平・前掲注(11)、383頁。
(13) 松田浩「表現の自由の危機」、メディア総合研究所・放送レポート編集委員会編『公正中立がメディアを殺す』大月書店、2016年、37頁。
(14) 奥平康弘『表現の自由Ⅱ』有斐閣、1983年、300頁。石村善治『言論法研究Ⅱ』信山社、1993頁以下等。
(15) 蟻川恒正「人権論の名のもとに」法律時報69巻6号、1997年、41頁。木村草太・西村裕一『憲法学再入門』有斐閣、2014年、166頁以下〔西村執筆〕。
(16) 木村・西村・前掲注(15)、『憲法学再入門』182頁以下〔西村執筆〕。
(17) 「偽装」につき、本書所収の花田達朗「日本『マスコミ』の虚構および『会社ジャーナリズム』の擬制の構造」を参照。
(18) 鈴木秀美「表現の自由と民主主義の維持」憲法問題27号、2016年、44頁。
(19) 奥平康弘『ジャーナリズムと法』新世社、1997年、46頁。
(20) 以上の詳細については、村上聖一『戦後日本の放送規制』日本評論社、2016年、284頁以下。
(21) 代表的な学説として、さしあたり参照、伊藤正己「放送の公共性」『放送の公共性』岩崎放送出版社、1966年、57頁。内川芳美「放送における言論の自由」『講座 現代の社会とコミュニケーション3 言論の自由』東京大学出版会、1974年、87頁。長谷部恭男『テレビの憲法理論』弘文堂、1992年、168頁。鈴木秀美『放送の自由〔増補第2版〕』信山社、2017年、310頁。
(22) 三宅弘・小町谷育子『BPOと放送の自由』日本評論社、2016年、238頁〔小町谷執筆〕。
(23) 日本語訳は、「放送レポート」268号(2017年9月)に掲載されている。
(24) 毛利透「表現の自由と民主政」毛利ほか編『なぜ表現の自由か』、法律文化社、2017年、29頁以下。
(25) 花田達朗「ナイーブな権力観を捨てて、自分の足で立つ」アジェンダ——未来への課題——2018年夏号、43頁以下。
(26) 花田達朗『メディアと公共圏のポリティクス』東京大学出版会、1999年、175頁以下。
(27) 花田・前掲注(17)、164頁。マスコミの定義につき、木村・前掲注(4)を参照。
(28) 奥平・前掲注(9)、13頁。
(29) 例えば、参照、松井茂記『マス・メディア法入門〔第5版〕』日本評論社、2013年、218頁以下。

(30) 奥平康弘『憲法Ⅲ　憲法が保障する権利』有斐閣、1993年、201頁以下。
(31) 曽我部真裕「情報漏洩社会のメディアと法」Journalism、2011年4月号、44頁以下。
(32) 鹿児島県警の警察官の制圧行為により死亡した男性の両親が鹿児島県に対して国家賠償請求の訴えを起こした民事事件において、福岡高裁宮崎支部はテレビ局のドキュメンタリー番組の取材の中で警察官による男性制圧死の場面を記録したDVDの証拠採用を、報道の自由、取材の自由の侵害を理由に認めなかった（福岡高裁宮崎支部2017年3月30日決定、訟務月報64巻1号45頁）。最高裁も特別抗告を棄却する決定を下した（最高裁小法廷2017年7月25日決定、判例集未登載）。結論において同じく取材資料提出拒否権が問題になった博多駅テレビフィルム提出命令事件、日本テレビ事件（最高裁小法廷1989年1月30日決定、最高裁判所刑事判例集43巻1号19頁）、TBS事件（最高裁小法廷1990年7月9日決定、最高裁判所刑事判例集44巻5号421頁）と異なるこの決定は、報道の自由、取材の自由を口実にして県側の不利益な証拠が排除されたのではないかとの批判が強い。加えて、県警の協力の下、テレビ局、番組制作会社による警察活動についてのドキュメンタリー番組の取材のあり方も、権力監視という報道の基本からして疑問が投げかけられている。参照、鈴木秀美「公正な刑事司法vs．公正な民事司法」論究ジュリスト25号（2018年）、76頁以下。
(33) 鈴木秀美「取材・報道の自由」『表現の自由Ⅰ』尚学社、2011年、267頁。
(34) もちろん、報道関係者の取材源秘匿のための証言拒絶権、編集資料の差押さえ禁止が法定化されていない日本において必要な制度論（立法論）としては、取材源秘匿権一つ取っても、証言拒絶権の対象（取材源の身元、取材源から提供された情報、報道関係者の自己取材情報）、証言拒絶権の限界（絶対的権利とするか否か）など論ずべき点は多い。この点につき、鈴木・前掲注(33)、268頁を参照。
(35) 奥平・前掲注(19)、104頁、116頁など。①につき、外務省機密漏洩事件最高裁決定も、国家秘密の探知を試みる報道関係者の取材活動は、「通常の」取材活動の範囲内であれば正当業務行為として違法性が阻却されるとの考えを示している。ただし、報道関係者の取材源秘匿のための証言拒絶権、編集資料の差押さえ禁止が法定化されていない下での特定秘密保護法の問題点として、参照、鈴木・前掲(18)、49頁。②につき、取材資料提出拒否権が問題になった博多駅事件決定、日本テレビ事件決定、TBS事件決定は（報道機関の）取材の自由と公正な裁判の対立を「諸般の事情」の「網羅様式の比較衡量方式」により解決する枠組みを示したうえで、結論において政府利益を重視する傾向を示しており、学説上の批判が強い（奥平・前掲注(19)、116頁）。その一方で、民事訴訟法における「職業の秘密」として、取材源を秘匿するための証言拒絶を認めた2006年のNHK記者事件（最高裁小法廷2006年10月3日決定、最高裁判所民事判例集60巻8号2647頁）は、取材源秘匿の意義を論じたうえで、報道関係者の証言拒絶を原則とする基準を立てており、注目される。
(36) 参照、奥平康弘「放送の自由をめぐるパラダイム転換」『「放送の自由」のために』日本評論社、1997年、32頁以下。
(37) 以下の論述は、西土彰一郎「公共放送の財源」論究ジュリスト25号（2018年）43頁以下と重複する。
(38) 花田・前掲注(4)、328頁以下。澤康臣『グローバル・ジャーナリズム』岩波書店、2017年、123頁以下。
(39) 花田・前掲注(25)、23頁以下。

(40) 荒瀬豊「占領統治とジャーナリズム」東京大学社会科学研究所［編］『戦後改革　3政治過程』東京大学出版会、1974年、351頁。
(41) 参照、G・W・F・ヘーゲル（熊野純彦＝訳）『精神現象学［上］』筑摩書房、2018年、122頁、130頁、133頁。
(42) 加藤周一『続羊の歌』岩波書店、1968年、167頁。
(43) 「元来、論理関係乃至価値関係なるものは、現実乃至事実が人類の経験によって原理にまで要約されたものなのだ。」戸坂潤『日本イデオロギー論』岩波書店、1977年、343頁。
(44) ハンス・ケルゼン（長尾龍一・植田俊太郎＝訳）『民主主義の本質と価値』岩波書店、2014年、171頁。

Ⅱ　フェイクの時代に「取材の自由」を論ずる虚無と絶望

立山紘毅

1．プロとアマとの境界線が崩落した時代

「取材」という用語は、桂敬一が日本大百科全書で下した定義、「すべての言論・報道活動の基本となる、ニュース・各種情報の素材を収集する活動」が最大公約数的な理解であろう。一方、本書所収の大石泰彦の問題提起によれば、その主体として「専門職（＝プロ）」が想定されてもいるが、メディア環境の現状に照らしたとき、筆者

には違和感が残る。どこの放送局も視聴者投稿を競って取り上げ、被取材者の現場にスマートフォンを抱えた者が群がってライブストリーミングされることさえ日常の風景となっていることがその理由である。

いかにハードウェアの技術開発が進んでも、不特定多数に到達させるルートは容易でない。すなわち、電波（＝放送）、大規模な印刷設備と販売網（＝新聞・雑誌）を支配するプラットフォーマーに取り上げられない限り、それらは自己満足の領域にとどまる。一変させたのがインターネットの出現と普及であったことは言うまでもない。

ネット環境においては、既存メディアも一般利用者も同一平面にある。それでもなお、一般利用者が不特定多数の下にメッセージを送るためには、多大な苦労と費用とを必要としていたが、インターネット環境の整備が国家と産業の死活的動因であると考えられたがゆえに、情報産業の振興は国策ともなって、一般利用者に必要なコストも劇的に低廉となった。加えて、（今のところ）最後の一押しは、GAFA（Google,apple,facebook,amazon）に代表される巨大プラットフォーム企業の出現である。

彼らもまた広告料やコンテンツ販売・手数料収入に依存したビジネスモデルをもつ。しかし、一般ユーザーは、不意に現れる広告を無視するだけで無償に近いプラットフォームを得る。新興プラットフォーム相互、さらには既存メディアとの連携によって、コピー&ペーストとワンクリックで「誰でもジャーナリスト」が実現した「われらが星」が出現するのだ。ここではプロフェッショナル（専門職能を持つ者）とアマチュアの境界は融解している。かてて加えて人権論は取材の自由も報道の自由も普遍的な自由と捉えるから、前者へのまなざしは、むしろ「特権禁止」の原則から無視ないし軽視される。

当然のことながら、日々「拡散」にいそしむ人には、プロの取材者になろうとする者へ曲がりなりにも施されている教育が存在しない。取材とは単なる「素材の収集」ではなく、その段階の価値判断と取捨選択とが報道の全段階に決定的とも言える重さをもっていることへの理解は絶望的に欠けている。むしろ、「ありのまま」に報道するのはプロにあらず、「われら」とまで正当化される。

2．「ネットメディア」の時代

さて、現代メディア環境を論ずるにあたって避けて通れないのがネットメディアの現状認識と、リアルな社会ないし政治システムとの切り結びだが、存外容易な議論ではない。

理由は三つ、一つにはメディアがリアルな関係にいかなる影響を及ぼすかは古くからの難問である。もちろん、「ためになる」メッセージが「好ましく望ましい」行動や態度をもたらし、「下品な」それが悪い結果、たとえば非行や犯罪をもたらすといった素朴な影響力仮説は学問的にほぼ否定されているが、新興メディアたるインターネットやスマートフォン利用に関して、特に教育方面では割と信じられているようである。

二つめに、ネットメディアの担い手は、多くの場合、匿名に隠れている。通信の秘密という基本的人権にガードされた匿名の闇から彼らを引きずり出すには、既存メディアのようにプロを組織してファクトチェックするか、資格をもった専門職（たとえば弁護士）でもなければ非常に困難である。

三つめに（ある意味、これが一番難物かもしれないが）、ネット環境は「受け手即送り手」の関係にあり、これまでの「送り手アプローチ」か「受け手アプローチ」かのフレームが成り立たないように思われることである。

法律論としては、前者を「言論表現の自由」として位置づけ、後者を「（内包が明確ではない）知る権利」として両者の関係を論じ、後者に奉仕するのが前者の任務であると漫然と捉えるが、かりにそうだとすれば、ジャーナリストは読者・視聴者のサーバントであれば良いのであって、「内部的自由」（メディアが企業体として外部の政治的・経済的〈ときに社会的〉権力に対して自由であるべきことに対して、これはジャーナリスト個人のメディア内部の圧迫や圧力に対する自由であり、ときにメディア外へ告発する自由を含む）を論ずる余地はない。実際、この国で「内部的自由」論は、一部の専門家以外、憲法論・言論表現の自由論の重要な環に組み込まれていない。加えて、後に実例をもって述べるように、マスコミをめぐるこの国の論義の現状は、大石が規定するアジア型の「権威主義モデル」（国家の後見・操作のもとにおかれるメディア）に寄り添う側は言うに及ばず、西欧型の「自由主義モデル」を奉じて自任する側も――両者の口汚い罵声は措くとしても――協調して「マスゴミ批判」の狂った音程を奏でている。

ただし、ネットメディアといいインターネット広告といい、ひとくくりに「ネットニュース」と言っても、掲示板や「まとめ」サイトを想起する者もいれば、既存メディアの電子版を想起する者等々、混沌とした状態にあることが事実認識を難しくしている。つまり、既存メディアはともかく、ネットが関係する情報の束には一義明確な定義を下すのも難しいために、調査の精度や結果に対する影響が読みづらい段階にあるのではないか。たとえば、電子版や（比較的狭義の）ネットニュース（典型的にはYahoo！ニュース）では、既存メディアの電子版（たとえば、朝日新聞デジタル）から転載された記事が思いのほか多く、徐々に増えてきた独自記事の筆者・編集者の来歴もまた、既存メディアでのしかるべき職歴を経ていることが多い。（狭義の）ネットニュースと既存メディアとは必ずしも独立して存在するのではなく、何らかの関係をもって展開されているように見受けられる。

一方、広義に捉えられたネットニュースはSNS（しかも最近では、SNSに出自を持つLINEが「LINE NEWS」として既存メディアからの転載を増やしている）も、掲示板もまとめサイトも含んだ混沌たる状態にある。それら現在のメディア環境がリアルな社会経済政治状況とそのなりゆきにいかなる影響を与えているか、把握するに困難な課題を抱えるであろうことは、ほぼ自明であろう。

上記の問題点を共通して抱えていることを留保しつつ、匿名の世界に接近を試み、既存メディアとの関係をさぐろうとする調査研究のいくつかは、ネット空間がリアル空間へ与える影響を限定的に捉え、ほぼ完全に否定する研究さえある。(1) 一方で、定量的に示されていないから取り上げられた事例が奇異なだけに過ぎないのか、この国全体に漠然と漂う気分なのか定かではないが、ネット空間の闇に警鐘を鳴らすルポもあり、(2) 後述のファクトチェックもデマの影響力に着目した報道である。ただ、どちらが正鵠を射ているのか判断できる根拠を筆者には示せない。

しかし、各種の世論調査からは二つの方向性が示唆されている。一つは利用者数の推移、特に世代間のそれと、もう一つが情報源への信頼度ないし信頼性である。

利用者数の推移の点では、一般の印象と同じく新聞・放送といった既存メディアの利用が漸減傾向にあること、若年層にその傾向が著しいことが示されている。(3) 特に10代・20代は「ほとんど新聞を読まない」層が多数派であり、麻生太郎に「10〜30代、新聞読まない世代は全部自民党」(4) と言わせたこととよく一致している。また、広告に関する調査は、既存メディアのそれの減り分をインターネット広告が埋めてさらに増加傾向にあることを示しているが、(5) 既存メディアの広告とインターネット広告との相関性については広告代理店でさえ歯切れが悪い。放送に目を転じてみると、それが電気通信に属するためにインターネット環境と近接していること（古く「放送と通信の融合」と指摘されていた）、Ｎｅｔｆｌｉｘ等や、法制の整備に伴って今後の成長が注目される同時再送信など、利用と影響との関係に課題を残しそうである。その中にあって二つの調査が、若年層に顕著な既存メディア離れと同時に、重要な問題ではネット情報があまり信用されていないことを共通して示しているのは興味深い(6)。

また、これまでの調査研究はネット情報の「受け手」がコピー&ペーストとワンクリックで、つまりは軽い気分で「送り手」になる現象、その中にあって最近注目されてきたインフルエンサーが出現する現象をいまだ十分に反映していないように見受けられる。したがって、これから筆者が述べようとすることは、予防原則に基づいていることをあらかじめおことわりしておく。事例として取り上げるのは、宜野湾市普天間基地を名護市辺野古へ移設する国の方針を最大の争点として2018年9月30日に投開票された沖縄県知事選挙である。

3．デマゴギーが支える民主主義的政治過程——裏切られたネット空間

この選挙を沖縄タイムスは「異様な」と評したが、その理由をいくつか挙げることができる。

第一の異様さは、選挙戦にネットが本格的に絡んだことにある。従来から各種選挙で「怪文書」が出回るのは常だが、マスコミはまず報道しない。なぜなら、人々をデマに注目させ、結果的にデマゴーグを利するからである。

第二の異様さは、デマのあまりのひどさに耐えかねたのだろうか、玉城デニーが被疑者不詳のまま名誉毀損で告訴したことである。本来、最も自由であるべき選挙戦が官憲の庇護に置かれることは民主主義の否定をも意味することを考えると、戸惑わないわけにいかない。

第三の異様さは、現職国会議員や沖縄県内首長の中にまでデマに加担した者がいたことである。

たとえば、公明党の現職衆議院議員・遠山清彦は、沖縄一括交付金の創設にあずかって力あったことをアピー

ルする玉城を「ゆくさー（うそつき）」とツイッターで非難したが、琉球新報のファクトチェックは、沖縄一括交付金創設が旧民主党政権時代の２０１１年12月のことで、公明党は野党だった頃だからフェイクと判断した。[7] その後、彼は責任逃れに終始することになるが、謝罪したのは「ゆくさー」が強い表現に過ぎたことだけで[8]、その他政治家がどのようにデマに関与したかは、いまだ定かでない。

この20年ばかり、インターネットの普及と時を同じくして、政治問題等に対するネット言説の「荒れ」はただならぬ状態だった。ことにＳＮＳというプラットフォームを得て「荒れ」は止まるところを知らず、そこへ鹿児島県阿久根の元市長・竹原信一、元大阪市長・府知事の橋下徹、きわめつけはアメリカ大統領・トランプなど〝ツイッター大好き〟政治家も乗り出す。

ＳＮＳは好まない意見や事実をブロックして、仲間内の居心地良い空間を確保するのに好都合なメディアである。政治家にしてみれば、小うるさい報道記者の質問に煩わされることなく、好きなときに好きなだけ自分をアピールできる。一方のフォロワーは、百数十字程度の文字制限が打撃的で過激な意見ほど吸引力を持つことを逆手に取って、たとえばヘイトスピーチのごとく、気に食わない人間の人格を好きなだけ切り刻むことができる。彼らの本籍は匿名空間にあるから責任感はきわめて薄く、刑事罰を受けようが損害賠償を請求されようが「気軽にやってしまった」「洗脳されていた」などと悪びれる様子もない。そして、クリック一つで匿名空間に投げられた罵声は拡散に拡散を続けて、インターネットが存在する限り永遠に漂う。

嫌中・嫌韓ヘイトに隠れて見えづらいが、沖縄ヘイトも以前から深刻で、「まつろわぬ民」へ容赦なく襲いかかる点で両者は同じ地平にある。[9] だから、ネットという凶器を持った沖縄ヘイトが県知事選挙で炸裂したのは、ある意味自然な成り行きであった。

デマに対して、百田尚樹らのデマに悩まされ続けていた琉球新報と沖縄タイムスはファクトチェックで対抗した。新聞社の取材・分析能力に加えて、本土の専門家の協力を得て、デマのどこが（意図的な）間違いで、いかなる性質をもっているかを明らかにしたのである。[10] さらに、今年（2019年）に入って琉球新報は追跡取材を行い、「沖縄フェイクを追う――ネットに潜む闇」も1月1日から連載している。

辺野古に限らず、東村高江の米軍演習場反対運動にも、本土から来たプロ市民（外人部隊！）がお手当をもらって動員されている、果ては中国・北朝鮮の工作員が彼らの正体等々、ネット民の想像力の豊かさには感心してしまうが、首都圏限定ながら、特定地上基幹放送局たるTOKYO MXはかかるデマ（妄想？）を番組として放送してしまった。いわゆる「ニュース女子」問題である。

一方、「沖縄県知事選挙2018」とか「沖縄基地問題」とかいったホームページは中立を装いつつ、玉城デニーや故・翁長雄志を貶め、支持者を罵倒することに終始していたが、知事選告示前の9月12日には忽然と姿を消したという。ファクトチェックの結果は、金銭目的ではなく政治的意図を強く示唆するというが、[11] 彼らの言う工作員や外人部隊が彼ら自身であったとは、ブラックジョークにもほどがある。付け加えておくに、ホームページの管理者は姿を消した後、その住所を「山口県」に移していたとは、「明治維新の英傑を輩出」し、現首相を選出する山口県民の筆者にとって苦笑を禁じえない。

それらホームページはドローンまで使った大がかりな動画も掲載していたというから、何者かの組織的な関与を強くうかがわせた一方で、3000回以上の再投稿（リツィート）と5万回を超える再生を繰り返していたとも伝えられる。かくして、いったん拡散されたデマは権力に寄り添い、「まつろわぬ民」を好きなだけ攻撃する。それでもなお意のままにならなかった選挙結果に「ネット民」は、「沖縄オワタ（ネット用語で「終わった・おしまい」の意味）」などと罵声を浴びせ、種々のメッセージを切り刻んでは都合良く貼り合わせて「まとめサイト」を立ち上げては、検索エンジンで上位に来るよう細工している形跡すらある。[12]

知事選よりも10か月ほど前、毎日新聞2017年11月13日は「フェイクニュース 作られ方 ブログ管理人が内幕語る」と題した記事を掲載した。驚かされるのは、それら「まとめサイト」と総称されるフェイクの管理人らは「取材のやり取りで『サイト名は伏せてほしい』『サイトが特定されるような文言も控えてほしい』と何度も念押し」してみたり、「ブログは続けていきたい。収益目的もある……どうか私のブログや類似のブログの運営を妨げるような記事は控えるよう」懇願してみたりというのである。取材した記者が「人権侵害の恐れはあっても『趣味と実益』は手放せないようだ」と皮肉を言うのももっともである。たぶん、沖縄フェイクを流した者も同じ心性の持ち主だろうが、彼らに政治を一方へ誘導する意図もあったとすれば、いったい何者なのだろうか。

4．反撃する「リベラル」の赤裸々なありよう

さて、ネットを本籍とする匿名の闇に敵愾心をみなぎらせ、「リベラル」を自称して対抗勢力の必要性を説く側でしばしば聞かれるのは新聞・放送など既存マスコミへの不平不満である。沖縄県知事選でも、公職選挙法下で著しい制約が課せられていることを知ってか知らずか、[13]「安倍べったりＮＨＫ」「そんたく新聞」などなど負けず劣らずの意見がネットを飛び交っていたが、各種選挙報道、特にＮＨＫがそれほどに偏向していたのだろうか。

簡単におさらいしておくと、投票日前日の9月29日から30日にかけて、大型台風が日本全土を縦断して相次ぐ災害に追い討ちをかけようとしていた。選挙戦最終日、沖縄は暴風雨で選挙運動不能に陥っていたところへ本庶《ほんじょ》

佑《たすく》のノーベル賞受賞ニュース、さらには大阪で脱走した被疑者が、なんと山口県周南市で逮捕される「珍事」まで飛び込む始末であった。後には第四次安部内閣の組閣も控えていたが、組閣報道もまた「そんたく」と言うのならば、大正デモクラシー以来の「憲政の常道」を無視した、言う者の常識を疑う話である。

くだんのNHKは通常編成をすべて災害報道体制に組み替えていたが、玉城当選確実の一報はゼロ打ち（投票締切と同時に当確を打つこと）した朝日新聞・テレビ朝日系列を除いて、21時33分前後、ほとんど同着だった。ここで注意を引くのは、投票締切約24分後の20時24分頃、NHKが出口調査の結果を約2分弱報道してメディアの沈黙を破ったことだったが、データは2割以上の票が国政与党からオール沖縄へ流れたことを示していた。

結果は周知の通り、玉城デニーが沖縄県知事選史上最多得票で圧勝した。石戸諭《いしどさとる》はマスコミ全社が「玉城圧勝」のデータを持っていたが、「名護ショック（先だって行われた名護市長選挙で、当時現職の稲嶺進が事前の予想を覆して敗れたこと）」の傷が癒えないまま躊躇していたと述べているから[14]、別にどこかに遠慮していたわけではない。むしろ、先駆けて開票結果の予想と動向を見せたNHK報道に注目すべきであろう。

その〝独走〟はまだ続く。30日22時15分頃から6分強にわたって、選挙戦のまとめと今後の行方について、この段階ですでに「解説」を始めていた。明けて1日の「NHKニュース おはよう日本」では、7時22分頃から7分30秒強を知事選報道にあてているが、ここでは安倍改造内閣の組閣との関係を述べ、2日23時40分からの「時論公論」は解説委員室が「基地問題を沖縄だけの視点に矮小化しない視点が重要」と指摘している。一方の民放は、独特の報道姿勢で知られる「報道ステーション」（テレビ朝日系）が1日22時21分頃から、「News23」（TBS系）が同23時16分頃から、それぞれ約6分30秒間と約3分25秒間放送している。しかし、これらはどれも「国民全体の課題」とまでは踏み込んでいない。一方のNHKは、昨年12月14日に辺野古湾へ政府が土砂投入を強行した後もなお、「国民全体の課題」と一貫した姿勢を示すだけではなく、今年2月24日に投開票が行われた辺野古移設問題に関する県民投票についても、知事選同様、帰趨が判明した同日20時45分からのニュースですでに解説を始めるなど、解説機能を重視した構成を取ったことが目を引く。しかもこの日、夕刻以降は「国民全体の課題」[15]を強調する報道が目立つばかりか、「クローズアップ現代+」は、二者択一どころか三者択一でさえ困難な判断を強いられている状況を多面的に浮き彫りにした。なるほど、2月23日のTBS「報道特集」もまた、合計約20分20秒にわたって多面的に報道しているが、民放の宿命、量的な制約はいかんともしがたい。

もう一つ、2018年10月9日に営まれた翁長雄志・前沖縄県知事の県民葬の報道がおざなりであったこと、特に官房長官が首相の弔辞を代読した時、参列者から怒りの声が上がった事実の報道がおざなりであったことを難ずる向きもある。たしかに、「報道ステーション」は同日22時27分頃から〝怒号〟が上がる場面を約5分間、クローズアップを交えて報道している。一方のNHKは、同日の「ニュースウォッチ9」で同21時05分から約4分10秒間、事実だけ報道し、「ニュースウォッチ11」は同23時24分頃から約1分30秒間放送したが、〝怒号〟の音声は解説なしで数秒間伝えられただけだった。しかしながら、翁長雄志その人が、二者択一ではとうてい捉えきれず、多岐をきわめる沖縄問題の意見を束ねる要であったことを考えれば、怒りの声を伝えれば是、しからずんば否といった単純な話ではあるまい。実際、〝怒号〟を音声入りで伝えた「報道ステーション」は、他方で稲嶺惠一・元知事（保守系・沖縄国際大学米軍ヘリ墜落事件当時の沖縄県知事）の言、「非常に静粛であるべきだが、しかし止むに止まれぬ思いで出た人もいる」「そういうことがないような時代に早くなってほしい」とも報道していたように、きわめてデリケートな判断が必要だったことは明らかである。

さて、TBSの報道記者にして「報道特集」キャスターを務める金平茂紀は、とかく視線が東京を向きがちで、政権与党へ傾斜しがちな既存マスコミに対して厳しい目を向けることで高く評価されている。彼は沖縄タイムスで人気コラム「新・ワジワジー通信」を担当していたが、最終回（10月16日）「沖縄の肝心に火をつけた 玉城デニー氏 県知事選勝利」で「東京の政治部報道では政権べったりの色彩が強いNHKが、午後9時33分に玉城氏当確を打った」と述べた。しかし、本稿で書いたとおり、ゼロ打ちしたメディアを除いて沈黙していた中にあって、開票動向と結果を強く示唆したのが9月30日20時24分頃からの上記報道であり、全国放送の災害報道へ割り込んできた「東京スタジオの報道」であったことを少なくとも見落としている。

さらに彼は「漂流キャスター日誌〔107〕・菅官房長官への怒声を消したあなたへ」[16]で、「NHKニュース7」も「ニュースウォッチ9」も怒声を伝えなかったと批判した。なるほど、ニュース7とニュースウォッチ9が怒声をカットしたのは事実だが、事実だけながらニュースウォッチ11は〝怒声〟を短く伝えていた（まことに遺憾ながら、筆者のミスでTBS・News23がどうだったのか記録がないが、やはり怒声はカットしていたと記憶する）。さらにまた、彼が「友人から聞いたところでは、今夜のNHKのニュース7、ニュースウォッチ9、いずれも……淡々と『粛々と』報じられていたそうだ」と〝伝聞〟で書くことはジャーナリストとして問題がありはしないか。しかもこれらは筆者が電子版で確認した記事だから、コピー&ペーストとワンクリックで容易に拡散されて「事実」としてネット空間を漂流し続ける。

発信元不明のネット情報に寄りかかって考えもせずリツイートすることは、法的にはともかく、道義的・政治的に重大な責任がある。しかも、いくら著名なメディアの著名なジャーナリストの言であるとしても、いささかの疑問ももたず寄りかかって、自分が気に食わない意見を「そんたく」と全否定するのなら、居心地の良い場所に居心地の良い仲間と引きこもる点、自称・リベラルもフェイクニュース発信者と同じ穴のムジナではないか。

ジャーナリストの場合、別の問題も生ずる。金平自身が「テレビ報道、強まる同調圧力 金平キャスターが語るいま」[17]で述べたのは、おそらく事実だろう。独裁の色彩を強める一方のこの国の政治に対抗する言論が屈服を余儀なくされているのもまた事実であろう。しかし、たとえ数は少ないとしても、志あるジャーナリストが種々の表現で異議申立てを続けている。現状に抗議するのならば、志を同じくするジャーナリストが討論と相互批判を繰り返しながら、よりよいマスコミを作り上げていく責任がありはしないか。しばしば引用される国連人権委員会特別報告者のデイビッド・ケイは、一方で国際人権法と憲法レベルでの基本的人権の保障がこの国にあることを確認しつつ、他方で種々の侵害にさらされていることに深い憂慮を示している。その中で、メディアにおいて専門職的な連帯が欠けていることへの指摘は興味深い[18]。

さらに付け加えれば、ファクトチェックが沖縄で成果を上げ、琉球新報の「沖縄県知事選に関する報道のファクトチェック報道」には、反核や平和・人権擁護などに貢献する優れた報道をした個人や団体に贈られる「平和・協同ジャーナリスト基金（ＰＣＪＦ）賞」基金賞が送られたが、この表彰は琉球新報と沖縄タイムスとの地道な共働と同時に、それらの忠実な読者とが共働してデマを退けた結果でもあったのではないか。

ここで自称・リベラルに追い討ちをかけておく。

彼らから聞かれることは、「貨幣神からの磁場」と「政治・制度からの磁場」とに大きく分けることができる。前者は広告代理店の支配であり、大資本との関係である。後者は政権政党との癒着と、特に放送行政における制度的欠陥である。

前者について二つ指摘しておくと、メディアが広告をビジネスモデルの一角に据えるのは、資本主義経済なら当然である。もしこれを否定するならば、メディアは財源をどこに求めれば良いのか。「浄財」に基づく経営・運営を唱える人もあるだろうが、高い志をもって立ち上げたコミュニティＦＭ、たとえば「ＦＭわぃわぃ[19]」が経営的に窮地に陥り、ネットラジオへ転身せざるをえなかったのは、浄財頼みではやっていけない冷厳な事実だった。財源を求めて公権力の支出に頼れば国営放送である。第二に、「貨幣神からの磁場」が報道を決定するのならば、これまたジャーナリストの「内部的自由」が介在する余地はない。

後者について、筆者自身の経験も検証もないから印象把握にとどまるが、アメリカにおける政権政党とのメディアとの関係の緊密さは公知に近い[20]。たとえば、映画だから全部信用するわけにはいかないとしても、「ペンタゴン・ペーパーズ／最高機密文書（原題・Ｔｈｅ Ｐｏｓｔ）」で描かれた民主党政権中枢とワシントン・ポスト最高幹部との密接な関係は、おそらくアメリカ市民の多くには何の違和感も与えなかったに違いない。映画各賞の評価と高い興行収入がそれを裏付けているように思われる。

むしろ、割ともっともらしく論じられているのが「制度からの磁場」である。なるほど、電波法・放送法は総務大臣に大きすぎる権限を与えている。したがって、アメリカの連邦通信委員会（ＦＣＣ）やドイツのメディア監督機関にならい、独立性を担保された行政機関に、総務大臣の権限のいくつかを委譲すべきとする議論には一応の妥当性がある。しかし、仔細に見ると、アメリカのそれもドイツのそれも深刻な課題を抱えていることが指摘されている。

アメリカ連邦通信委員会は独立規制委員会の通例どおり、上院の承認を得て大統領が任命する5名の委員から構成されるから、大統領の政治的な方向性が強く影響する。時々の政治経済社会的な動きを反映して右へ左へと揺れる実情は、稲葉一将が詳細に追跡しているが、注目すべきは、ＦＣＣが電気通信政策の策定と苦情処理の双方を担っているため、特に後者においてＦＣＣ官僚の事務処理が重大な意味をもつこと[21]である。

また、ドイツのメディア監督機関は「社会の重要な諸勢力」をよく代表できるよう、憲法（ボン基本法）5条から導き出された憲法上の存在とされる。しかし、石川明は監督機関たる放送委員会に政党が過剰な影響力を持っていることを指摘していたが[22]、近年、ZDF（ドイツ第二テレビジョン）の監督機関に政治の影響が大きすぎることと、委員の選考過程に不透明さがあることをもって、連邦憲法裁判所はZDF州際条約を違憲と判断した[23]。

独立性が高い監督機関の委員は、公正取引委員会のごとく国会同意で首相が任命する仕組み以外に考えつかない。NHK経営委員も似たようなものである。国会は全国民を代表する建前の政治的な機関であり、そこが首相を指名して天皇が任命する。首相は総務大臣を任命する。これが現実である。メディア監理委員会（仮称）でも作って、アメリカやドイツのそれを参考にしたところで、人事は前記の政治的な色彩を強く帯びる。そのせいか、最近になってようやく、かかる委員会の実効性を疑問視する意見も出てきた。

紛争が生じたとき、前記のZDF問題などが起きたとき、ドイツならば連邦憲法裁判所が裁定者として登場し、議会はその緊張感の中で仕事をする建前に行き当たる。制度的な問題を論ずるならば、もっと普遍的な問題、つまり、裁定者たる憲法裁判所をこの国は持たず、持とうにも展望が持てず、したがって議会は緊張感のない状態のままにあることではないか。

さらに追い討ちをかけておく。NHK批判を繰り返し、「べったり」を言いたがり、受信料拒否も主張する人々が、充実した取材力を背景に種々の社会問題に切り込む「NHKスペシャル」の、たとえば2018年8月の「戦争特集」をほめたたえる風景は、筆者にはとても奇妙に見える。

一方には「七三一部隊の真実――エリート医学者と人体実験」（2018年1月21日再放送・さらにネット配信も継続しているから、現在も試聴可能）を指して、「反日」「在日」といったレッテル貼りこそしていないが、「南京大虐殺の幻」同様、番組を全否定する言説がある。[24]しかし、彼らが（金平茂紀らが問題にするような角度から）NHK報道に異議申立てをした話は寡聞にして知らない。他方、「そんたくNHK」を言い立てる側は言い立てる側で、伝家の宝刀よろしく受信料拒否を唱えるが、それは本多勝一らのかつての主張と正反対、今やネトウヨのスローガンと化していることに気づいていない。だから、2019年統一地方選と参院選と党勢を伸ばして人々を驚かせた「NHKから国民を守る党」から、排外的な憎悪表現が続出することは筆者にとって驚きでも何でもなく、当然の成り行きにしか見えないのである。要するに、「ネトウヨ」と「リベラル」とは鏡合わせ、向いている方向は真逆でも、事実に基づかず、居心地の良い仲間内で仲間内の言説で満足し合っている点で同じ穴のムジナである。

放送事業者が誰かに操られていると非難する側は、この国の放送法制でさえ「自律」が根幹にあることをどれだけ認識しているのだろうか。政治・制度からの磁場も貨幣神からのそれも、程度の差こそあれ、世界中どこにでも存在するから、問題はそれらが過剰どうかであり、誰が・どんな基準で裁定するかにある。

あるいはひょっとして放送事業（者）とは、お客様のご要望に応じて商品を製造頒布する請負業（者）だから、自律を唱えるのは思い上がりということになるのだろうか。だとしたら、この国の情報法制はプロとアマとを区別しない平等に立脚する、たとえて言えばインターネット世界と同化すべしと提唱する、安倍氏の独創[25]がめざす世界になっていくことだろうし、人権論は「特権禁止」の原則で側面から支援する。そこで請負事業（者）がにこやかに提供する商品をお客様が偏食したところで、非難するのは的外れである。なぜならそこは、お客様が「自己責任で自己決定」する世界なのだから。

5．空中分解する「言論表現の自由」と「取材の自由」

かつて筑紫哲也は、阪神淡路大震災の折りに、自らとともにマスメディア全体へ浴びせられた非難に対して「テレビ報道には批判されても仕方がない弱点がいっぱいある」と断りつつ、次のように述べた。

「……テレビ・バッシングは止まる所を知らない。……『ヘリで見た状況を当局に刻々伝えるべきだった』『現地を見て回るひまがあったらシャベルを持って救援作業すべきだった』という声まで出ている。そこには、政府中枢が発生から終始、情報をテレビに依存して後追いの対応をしたことに認識もなければ、関東大震災の時のような流言飛語による悲劇（朝鮮人虐殺など）がほとんど生れなかったことに果したテレビの役割への評価もない。むろんメディア（媒体）がその社会で負っている基本的な認識など望むべくもなく、悪い知らせをもたらした使者の首をはねる愚かな王の姿のほうが見え隠れしている」と「災害報道という名の一大イベント」を視聴した者が報道というアウトプットに下す言われない非難を告発したうえで、これから取材＝インプットに携わろうとする者に次のようにアドバイスした。いわく「私のやっている番組のスタッフの中で、現場に行くのをいやがったものは一人もいなかった。逆に自分を早く出してくれないと文句を言ったり、怒る者はいっぱいいた。……そんな物好きな連中の中に入って苦労するのはやめたほうがよい。悪いことは言わないから」と。

今はどうやら、SNSから提供され、あるいは検索エンジンで「（あたかも多数意見であるかのごとく操作された）事実（らしきもの）」をコピー&ペーストするのが〝取材〟（インプット）であって、ワンクリックでユビキタスな世界へ投げ入れる言論表現活動（＝アウトプット）こそ、クールなライフスタイルということらしい。いくつかのフレーズをわずかに入れ替えれば、筑紫哲也の言葉はいよいよ異様な生々しさをもって筆者には伝わってくる。

パンドラは自ら開けた筐があらゆる悪徳を解き放った罪業を激しく後悔して泣き伏したというが、筐の隅からは「私は希望です。忘れないでください」と小さな声で呼びとめられたとも聞く。一説には、希望のくだりは後付けの話だとも言うが、どちらが正しいのか筆者は知らない。ただ、後付けの話ではあっても小さな希望を守り育てて期待していくべきなのか、それとも希望はフェイクであると見定め、死に至る病を見据えていくべきなのか、私はまだ行方を定めかねている。

＊注

(1) 田中辰雄・山口真一『ネット炎上の研究』勁草書房、2016年。ただし、139頁以下で「炎上」の「実行犯」が数人から数十人しかいないと述べることには慎重な留保が必要である。第一に、「軽い気持ちで」コピー&ペーストしてクリックする人々が「実行犯」の周囲にいることが十分に反映されているとは思えない。第二に、発言の当事者が西村博之とか川上量生とか、デマの策源地とも言える2ちゃんねる(現・5ちゃんねる)やニコニコ動画等の管理者ないしそれに近い者であるから、加害者を過小評価して「炎上」ないしデマを否定するほうに利益がある。第三に、弁護士集団懲戒問題で「軽い気持ちで」ネット上にあるテンプレートをダウンロードして懲戒請求した者は、彼らが述べるよりはるかに多い。第四に、責任を追及されないとタカをくくって匿名の架空アカウントが作られるが、加害者がたった1人だろうが1億人だろうが被害者の苦痛は同じだから、わざわざ「数人に過ぎない」と言ってみても意味がない。

(2) 安田浩一『ネットと愛国』講談社、2012年。

(3) 金子智樹・逢坂巌「安倍支持の中心は若年男性層――ネガティブ情報の影響薄く」WEBRONZA、2018年12月21日。

(4) 朝日新聞2018年6月24日朝刊。

(5) 電通「2017年 日本の広告費」

(6) 新聞通信調査会「メディアに関する全国世論調査」、総務省情報通信政策研究所「平成29年情報通信メディアの利用時間と情報行動に関する調査報告書(概要)」。

(7) 「一括交付金導入で『候補者関与はうそ』は偽情報　民主政権時に創設」琉球新報、2018年9月21日。

(8) 「真偽不明情報が大量拡散　知事選巡りネットに　国会議員、首長経験者も発信」同9月26日。

(9) 安田浩一「沖縄ヘイトを考える(コラム)」沖縄タイムス+プラス2016年8月3日。

(10)「ＳＮＳ、政策よりも中傷拡散　沖縄県知事選　一般投稿者「落選運動」に利用」琉球新報、２０１８年9月20日。

(11)「知事選に偽情報、誰が？　2サイトに同一人物の名前　覆面の発信者㊤　沖縄フェイクを追う――ネットに潜む闇――（１）」同２０１９年1月1日。

(12)ＳＥＯ（Search Engine Optimization・直訳すれば「検索エンジン最適化」）と呼ばれる。「まとめサイト」との関係では、健康関係情報を「まとめ」ていたＷｅｌＱが同様の手法を採っていたことが明らかになって閉鎖された。その後、「まとめ」サイトの運営者も編集者の署名を求めてはいるが、ハンドルネーム（＝匿名）であってみたり、そもそも本人確認がなされていなかったりである。

(13)当の沖縄メディア、琉球新報も「公平性を気にして硬直化も 知事選報道」（２０１８年10月28日）と反省の弁を述べている

(14)「玉城デニーを勝たせた『翁長の幽霊』」現代ビジネスオンライン２０１８年10月1日。

(15)「国民全体の課題」を強調することは、「本土の沖縄化」にいかに臨むべきかという重大な課題を意味するが、現段階ではあまり論じられていない。

(16)WEBRONZA、２０１８年10月25日。

(17)朝日新聞、２０１６年3月30日朝刊。

(18)Preliminary observations by the United Nations Special Rapporteur on the right to freedom of opinion and expression, Mr. David Kaye at the end of his visit to Japan(12-19 April 2016：A/HRC/35/22/Add.1)。なお、デビッド・ケイ「表現の自由 国連特別報告者 訪日報告書」〈外務省仮訳〉。

(19)開局と運営の困難について、FMわぃわぃホームページのほか、「共助の20年〈8〉他言語 人々結ぶ」読売新聞、２０１５年1月9日朝刊参照のこと。インターネットラジオへ転身した（２０１６年）後も放送設備は維持して、臨時災害放送局として運用できるよう神戸市と協定を結んでいる。

(20)なお念のため、自由主義経済・資本主義経済の本国ともされるアメリカ合衆国の公共放送では、（広義の）政府支出が約32％を占める。他方で個人寄付金が約28％を占めるが、これには税制上の控除があるため、形を変えた政府補助金である（「世界の公共放送の制度と財源」報告」、ＮＨＫ放送文化研究所年報 ２０１２年、２３５頁。また、ＮＨＫ報道文化研究所（編）『ＮＨＫデータブック 世界の放送２０１９』ＮＨＫ出版、２０１９年参照。

(21)稲葉一将『放送行政の法構造と課題』日本評論社、２０１４年、64頁以下、特に80頁。

(22)石川明「戦後西ドイツの放送政策と放送委員会」ＮＨＫ放送文化研究年報13集、１９６８年、同「放送の社会的規制」文研月報、１９７５年2月号。

(23)Urteil vom 25. März 2014 - 1 BvF 1/11.

(24)長勢了治「ＮＨＫ、これでいいのか　旧ソ連のフェイク裁判を鵜呑み『七三一部隊』特番を斬る!」月刊『正論』２０１８年5月号、２０１８

年4月15日。

(25)「政治的公平の放送法条文撤廃」共同通信、2018年3月15日。

ただし、二点だけ注意が必要である。第一に、デイビッド・ケイの特別報告（注(18)）は、意見の分かれる問題をできるだけ多面的に捉えて伝え、公平を保つよう放送に求める放送法4条を、放送の自律と自由を損なうものとみなして撤廃を求め、結果的に安倍氏の独創に論拠を与えるように見える。

第二に、共同通信の当該記事に、水島宏明はYahoo!ニュース同月22日とハフィントンポスト同月23日で「見ているテレビ局が『安倍さん寄りチャンネル』（中略）などになってしまうかもしれない」と警鐘を鳴らし、「テレビはもっと取材者が自由に報道していくもの。これが大事だと思う問題意識を深めた報道をしてほしい……政治色を意識してチャンネルを変えるなんて、自分はやりたくない」とコメントする。しかし、「送り手」が、反対意見に最低限の尊重を払う限り、多数のメディアが多元的に多様な意見を述べる言論市場は、公平性の一つのあり方（外部的多元性）であり、ドイツでは、特に新聞がそれを担うべきものとされる。一方の放送は、監督機関から個々のジャーナリストに至るまで、多元的で多様な意見を持ってメディア内部に共存して放送する内部的多元性で公平性を担保すると考えられ、両者の相補性が（広義の）公平性を実現することと考えられている。水島宏明は前者を否定し、後者を肯定するようだが、両者はけっして排他的ではない。

(26)筑紫哲也「自我作古48　テレビ・バッシングの中で、マスコミ志望の君へ」週刊金曜日、1995年2月3日号。

謝辞：本稿執筆の準備作業を進めていた折、地元・山口で17年余発行されている『反戦情報』編集部と話す機会があり、その頃から調べていた沖縄県知事選のデマについて興味を示されたので、準備段階でまとめた小論が「『目を合わそうとしない』――沖縄県知事選挙が見せた別の顔」として同誌412号（2019年1月15日）に掲載された。本書における小論の位置づけと、同誌のそれとは異なるが、両者は相互に反映している（特に、「2．デマゴギーが支える民主主義的政治過程」と「3．反撃する『リベラル』の赤裸々なありよう」）。手を動かす長い作業を進めていた筆者の背中を押していただいた同誌に、末尾に記して謝意を表したい。

III

「ジャーナリストの自由」の不在が意味するもの

大石泰彦

1．等閑視されてきた自由

この国では、「ジャーナリストの自由」の保障というテーマは、企業内の「記者の自由」についてであれ、企業外の「フリージャーナリストの自由」についてであれ、これまで表現の自由論の中に重要な論点として位置づけられてこなかった。いやむしろ、ジャーナリストの自由を声高に叫び、その保障を要求することは、政治・社会権力の監視・批判という重要な任務を帯びたメディア企業・業界内部に分断を生じさせ、結局のところは権力者を利するだけの小児的な行為として、近時は一種タブー視されているとすらいえよう。また実際、日本のマスメディアの現実を見てみると、結局のところ大多数の記者たちは、それぞれが所属する企業・業界の中で、自己をまず「組織の一員」として位置づけ、自足しており、通常は「ジャーナリスト」としての自己認識を持つこともないのである。

しかしたとえば、すでに「問題提起」において紹介したNHK従軍慰安婦番組改ざん事件、朝日新聞「吉田調書」報道事件、あるいは最近のNHK森友報道記者退社問題（2018年）などに目を向ければ、それらが単に、自らの職業活動がその所属するメディア企業の編集方針と相いれなくなった記者・制作者がその企業を去った、というような単純な事件ではないことは明白である。むしろそれらは、権力と結びつき、あるいはそれと一体化したメディア企業が、ある「暗黙の了解」、すなわちメディアが国家統治の一翼を担う存在であり、記者の仕事は究極のところ一種の公務であるという了解（本書「問題提起」参照）を超えて、自らをジャーナリストと錯覚（？）し、そのような自己認識に基づいてなすべき仕事（権力の核心部分への肉薄）をなしてしまった者を――当然の報いとして――その現場から排除した事例として位置づけられるべきものである。

そして、メディアがこのような倒錯した論理を成立せしめるほどに権力の支配構造に深く取り込まれてしまっているこの国の現実を見れば、従来の「メディアの自由」論――それは、政治・社会権力とメディアとが対峙し、両者の間にある程度の緊張関係が存在していることを前提とする理論であり、そこでは「メディアの自由」の擁護・拡張と「表現の自由」の維持・拡張とがほとんどパラレルに位置づけられることになる――は、ほとんど無効の論理、いわば砂上の楼閣なのではないだろうか。もし目前の現実の解析や改善に資するべく真面目にメディアの倫理や法を論じようとするならば、むしろ先に挙げた諸事例、つまり権力・メディア一体の支配体制と素の

「個人」とが衝突し、後者が敗北した諸事例にこそ表現の自由にとっての核心的な問題が顕現していると認識し、そうした不当な帰結を生みだしたものは何かを批判的に検証していくべきであろう。

以下、そのような認識に基づき、この国の「ジャーナリストの自由」に関する制度的状況、特に法的状況を概観する。具体的には、まず企業内の「記者・制作者の自由」に関する保障状況、次に補足的に「フリージャーナリストの自由」に関する保障状況を紹介し、最後に「ジャーナリストの自由」の保障状況（自由の不在）の背景にあるこの国のメディア構造の病理と改善策について、簡潔に考察することとする。

2．記者・制作者の自由は？

すでに述べたように、日本においては、企業内の記者・制作者の「内部的自由」、つまり所属するメディア企業に対する精神的自由は、メディアの自由を縮減し、脅かす可能性のあるものとして「表現の自由」にとって敵対的なものと位置づけられてきた。そして、そのような理解や構造の中核におかれ、個人の疎外・抑圧の正当化の根拠とされてきたのが一般に「編集権」と呼ばれている概念である。編集権とは、第二次大戦後の混乱の中で日本の新聞企業の労働組合が左傾し活発な闘争を繰り広げていた1948年3月、GHQの意向を受けて日本新聞協会が発表した「新聞編集権の確保に関する声明」（いわゆる「編集権声明」）において宣言された「権利」である。この声明は次のように述べる（一部抜粋）。

「編集権とは新聞の編集方針を決定施行し報道の真実、評論の公正並びに公表方法の適正を維持するなど新聞編集に必要な一切の管理を行う権能である。編集方針とは基本的な編集綱領の外に随時発生するニュースの取扱いに関する個別的具体的方針を含む。」

「編集内容に関する最終的責任は経営、編集管理者に帰せられるものであるから、編集権を行使するものは経営管理者およびその委託を受けた編集管理者に限られる。」

「新聞の経営、編集管理者は常時編集権確保に必要な手段を講ずると共に個人たると、団体たると、外部たると、内部たるとを問わずあらゆるものに対し編集権を守る義務がある。外部からの侵害に対してはあくまでこれを拒否する。また内部においても故意に報道、評論の真実公正および公表方法の適正を害しあるいは定められた編集方針に従わぬものは何人といえども編集権を侵害したものとしてこれを排除する。」

記者・制作者から表現者としての主体性を剥奪し、その自由を表現の自由の敵対物として位置づける内容のこの「編集権」は、それが究極のところ時の政治権力の下で新聞経営者が一方的に宣言した「私製の」権利に過ぎないにもかかわらず、メディア企業・業界において現在まで脈々と受け継がれ、また裁判においても「公認」を受けてきたのである。

たしかに、メディアの労働運動にまだ勢いがあったころは、裁判所はこの「編集権」を必ずしも絶対視せず、記者・制作者の自由にも一定の配慮を示していた。たとえば、ある番組において私鉄ストライキについて肯定的ともとれるアドリブアナウンス（「……私鉄ストに対する利用者の不満の声は最近あまり聞かれなくなったようです。物価上昇の折から私鉄ストに対する一般の理解も深まってきたといえるのではないでしょうか」という内容）を行ったことを理由に懲戒休職させられたある民放アナウンサーが、これを不当労働行為であるとして訴えたいわゆる「アドリブアナウンス事件」の判決（広島地裁1975年6月25日判決、判例時報792号90頁）は、次のように述べて、このアナウンスの正当性を承認し、処分の取り消しを命じている。

「元来すべての社会的事実は何らかの政治的かかわりを持っているものであり、本件アドリブアナウンスは、私鉄ストに対する当時の一般的な受止め方を断定することなく、他の見解の成立する可能性を認めながら述べていることは前示のとおりであるうえ、右番組自体がアナウンサーの自主的な良識に基づく個性的なアナウンスを期待していたといえなくもないのであって、そうするときは本件アドリブアナウンスを不偏不党の原則に反するものとして非難するには当たらない。」

しかし1980年代に入ると、裁判所の態度・見解は変化し、企業内ジャーナリスト・制作者の自由はほぼ完全に否定されることになった。以下、この時期（それは、現在にまで至っている）の代表的な三つの判例を紹介する。

①NHK「キャロル」事件

1973年、NHKのプロデューサーAは、当時の人気ロックグループ「キャロル」とそのファンの生態を伝えるドキュメンタリー作品「キャロル」を制作したが、NHKはこの作品を同局の番組制作手法になじまないものとみなし、ドキュメンタリー作品としては放送しなかった。そこでAは同テーマでの社外での映画製作を決意し、そのための休暇を申請。しかしこれが拒否されたために、欠勤して映画製作を行った。NHKはこの行為が就業規則違反（無許可の社外表現活動など）に当たるとみなして、Aを懲戒免職としたが、Aはこれが不当なものであるとして同局に対し自らの従業員としての地位を確認する訴訟を提起した。

この訴えに対し東京地裁は、１９８１年、「Ａらは、自己の自由な意思によって、ＮＨＫとの間で労働協約を締結し、ＮＨＫに対して労働契約に基づく労働提供義務を負担することになったのであるから、右労働提供義務と両立しえない範囲でＡらの表現の自由が制限されてもやむを得ないものと解される。……Ａらは、放送の制作労働者に対し、『放送による表現の自由』を保障しなければならない、あるいは映画『キャロル』制作を不許可にしたことは労働協約に内在する理念としての表現の自由に抵触する旨主張する。しかし、右主張はＡら独自の見解に基づくものであって、当裁判所は採用できない」と述べ、Ａの請求を棄却する判断を行った。（東京地裁１９８１年12月24日判決、判例時報１０３６号１０９頁）

②時事通信長期休暇事件

１９８０年、時事通信の科学技術担当記者Ｂは、原子力問題に関する海外取材旅行のために同社に1か月の長期休暇を申請したが、社は、科学技術問題に関する代替の記者を確保できないという理由で時季変更権を行使し、休暇は約2週間に短縮された。しかしＢはこれに従わず、約10日間欠勤することによって取材旅行を完遂。同社はＢを譴責処分に付したが、Ｂはこの処分を不服としてその無効確認等の訴訟を提起した。

東京地裁はこの請求を棄却したが（東京地裁１９８７年7月15日判決、判例時報１２４２号31頁）、Ｂの控訴を受けた東京高裁は、「Ｂもそのような〔＝科学技術問題に関する〕知識、経験の取得に努めていたとはいえ、専門的に養成されたわけではなく、……〔また、〕Ｂが時季指定した期間は、官公庁や一般企業の業務閑散期であって、科学技術分野についての大きな行事予定や取材継続中の重大事件も無かったのであり、原子力発電所の事故が多発していたわけでもない〔。〕……〔また、代替要員の確保については〕特に科学記者クラブにBだけを単独で配置したことがその原因であり、……適正を欠いたといわざるをえ〔ない〕」と述べてその一部を認容した。（東京高裁1998年12月19日、判例時報1296号32頁）

これに対し今度は時事通信が上告を行い、1992年、最高裁は、「〔Bは自らの〕担当分野につき、相当の専門的知識、経験を有していたことから、社会部の中からBの担当職務を支障なく代替しうる勤務者を見いだし、長期にわたってこれを確保することは相当に困難である。〔したがって、時事通信が〕本件時季指定どおりの長期にわたる年次有給休暇を与えることが『事業の正常な運営を妨げる場合』に該当するとして、その休暇の一部について本件時季変更権を行使したことは、……これを適法なものと解するのが相当である」と述べて同社の主張を認め、高裁判決を破棄した。（最高裁第三小法廷1992年6月23日判決、最高裁判所民事判例集46巻4号306頁）

③日経新聞ホームページ事件

1996年に日経新聞に入社した記者Cは、入社後、自らのホームページにおいて「新人記者の現場から」というタイトルの下、記者クラブ制度、業界慣習、労働実態、癒着体質、事実の歪曲など新聞業界の問題点について種々記述し、上司からこのホームページの閉鎖命令を受けた。Cは上司に対し、個人のホームページに関する社内基準を設けるよう要求したが回答がなかったため、ホームページを再開し会社批判を行った。日経新聞はCに対し依願退職を勧告したが、Cが応じないため出勤停止の懲戒処分に付した。Cはその後（1999年）依願退職したが、退職後に日経新聞に対し上記の処分取消と損害賠償を求める訴訟を提起。東京地裁（東京地裁2002年3月25日、労働判例827号91頁）では請求棄却。東京高裁も「仮に……〔Cの公表した事実が〕マスコミの悪しき慣行であるとしても、取材源や具体的な取材の過程を公表することにより、実際問題として被控訴人〔＝日経新聞〕の業務に支障が出るおそれがある以上、その公表は、雇用者である被控訴人の判断に委ねられるべきであり、……従業員であるCの一方的な判断で、Cが……〔同社の〕記者として行った具体的な取材の過程や取材源を……了解もなく個人的に公表することが許されないのは明らかであって、それが被控訴人の経営、編集方針でもあることは……容易に認識できたというべきである」と述べて記者の控訴を棄却した。〔東京高裁２００２年9月24日判決、労働判例８４４号87頁〕

①事件における論点は、一言で言えば「メディアの制作者が、個人として社外での表現活動を行う権利を有しているか」ということであろう。また②事件の論点は、「メディアの記者が、自らの努力によって得た専門知識は自らの所有物か」ということであろう。さらに③事件の論点は、「メディア記者は、自らの所属する企業・業界に関する『内部告発』の権利を有するかどうか」ということになろう。そして、裁判所は上述のように、これらの論点につきすべて否定的な〔記者・制作者の対企業的自由を認めない〕見解と結論を示した。つまり裁判所は、メディア企業の「編集権」の万能性を承認し、そこに所属する記者・制作者の自由を否定して彼らをいわば「精神的無権利」の状態においたのである。(1)

3．フリージャーナリストの自由は？

それでは、メディア企業に所属しない、いわゆるフリージャーナリストは「自由」だろうか。確かに、彼らは企業内の記者・制作者とは違い、自らの表現活動の自由を根こそぎ剥奪されるというような状況に置かれているわけではないが、こと権力取材に関していえば、政治権力、およびそれと緊密に連携しているメディア企業・業界によって差別的な取り扱いを受けている。たとえば2010年、東京拘置所に設置されている死刑場がはじめて記者に公開された際にフリーは参加を許されなかったし、[2] 2011年の福島第一原発事故の後、立ち入り禁止区域に入ってのはじめての「同行取材」の際にも彼らは外された。[3] また、後に見るように国が所有し、国会記者会が占有利用している国会記者会館の利用も、彼らには認められていない。[4]

そして、このような差別構造を是認し下支えしているのは、ここでも裁判所である。代表的な四つの判例を見ていくことにする。

④松山地裁判決要旨不交付事件

1996年、松山地裁で行われている警察官による銃刀法違反事件を取材していたフリージャーナリストDは、この事件の判決に際して、松山地裁が判決要旨を司法記者クラブ所属のメディアの記者にのみ交付し、自らは除外されたことが憲法14条（法の下の平等）等に違反する差別に当たるとして国家賠償請求訴訟を提起した。

東京地裁がこの請求を棄却したため（東京地裁2000年10月5日判決、判例時報1741号96頁）、Dは控訴したが、2001年に東京高裁は、「報道機関の記者、フリーのジャーナリストの業務を行うについては、法的な資格の制限、登録等の法的規制がないから、それらの者又はそれらを自称する者の中には種々様々な者があり得る上、判決要旨は、判決宣告の後短時間の内に交付される性質のものであるから、交付先の制限は、当該裁判所の広報担当者が簡易、迅速に判断することができるよう、客観的に明確なものである必要がある。これを本件について見ると、松山地裁の担当者は、……同地裁の司法記者クラブ所属の報道機関の記者に対して、本件事件の判決要旨を交付することにしたものであるが、これら報道機関は日本新聞協会又は日本民放連に加入しているものであって、報道機関として一定の実績があることは明らかであるから、松山地裁の判決要旨の交付先の限定が、不合理であるということはできない」と述べてこれを棄却した（東京高裁２００１年６月28日判決、訟務月報49巻３号７７９頁）。

⑤札幌地裁傍聴席事件

札幌地裁に係属中の警察官による覚せい剤取締法・銃刀法違反事件を取材していたフリージャーナリストEは、２００３年、同事件の判決言い渡し期日における記者席の確保を同地裁に請求したが認められなかった。これに不服だったEは、当日、記者席に着いたものの排除され、結局、判決言い渡しを取材することができなかった。Eは、同地裁において司法記者クラブ加盟社の記者のみが記者席の割り当てを受け、フリーは一般傍聴者と同様に抽選によって傍聴の可否を決められていることが差別であり憲法14条等に反すると主張して国家賠償請求訴訟を提起した。

この訴えについて２００６年、東京地裁は、「記者クラブは、新聞協会又は民放連に加盟する報道機関の記者によって構成される自主的に組織された団体であり、……速報性のある新聞、放送等の分野の報道機関の記者によって構成される団体の取材拠点として一定の役割を果たしているというべきであるから、……記者クラブ加盟の報道機関の記者に記者席を確保することは、裁判の内容が迅速かつ正確に国民に対して報道されることに寄与することが期待できるものと考えられる。Eは、自己もジャーナリストであるから、優先的に傍聴席が確保されるべきであったと主張する。しかしながら、ジャーナリストの意義は一義的なものとはいえず、……傍聴席確保の当否を個別に判断することは事実上困難であるうえ、結果的に差別的な取扱いが生じるおそれがあり、……相当ではないというべきである。……以上のとおりであるから、札幌地裁の職員が、傍聴席の確保について、……記者クラブ加盟の報道機関の記者とEとを区別して取り扱ったことには合理的理由があ」るとして、Eの請求を棄却した。（東京地裁２００６年1月25日判決、判例タイムズ１２２９号２３４頁）

⑥大阪市議会委員会傍聴請求事件

住民投票や国民投票を自らのテーマとし、岩波書店、集英社などから著書を刊行しているフリージャーナリストFは、２００５年、大阪市議会財政総務委員会に対して同委員会の傍聴許可申請を行ったが却下されたため、市政記者クラブ加盟のメディアの記者には認められている同委員会の傍聴が自らには認められないことが不当な差別にあたり、憲法14条等に違反するとして国家賠償を請求した。

これについて大阪地裁は、２００７年、「大阪市政記者クラブは、同クラブに所属する報道機関ないし記者の取材ないし報道活動を自主的に規律する私的な団体であるということができるところ、……同クラブに所属する報道機関ないしその記者〔については、その〕間における相互規制等を通じて報道に係る一定の行為規範、価値基準が共有され、それによって事実の正確な報道が担保され、しかも、その存在意義について相当数の国民（住民）から支持されていると推認され、報道分野において重要な役割を果たしているということができるから、同クラブ所属の報道機関ないしその記者は、委員会の会議に係る事実を正確に報道することのできる能力、資質を備えた者であることが、相当の根拠をもって担保されているものということができる。……したがって、……本件不許可処分が憲法21条1項、14条1項に違反するという原告の主張は、いずれも採用することができない」と述べて、Fの請求を棄却した。（大阪地裁2007年2月16日判決、判例時報1986号91頁）

⑦国会記者会館屋上利用事件

インターネット放送局OurPlanet-TVは、2012年、大飯原発再稼働に反対する抗議活動が行われていた首相官邸付近の様子を撮影する目的で、国会記者会に対し、国が所有し同会が占有利用している国会記者会館の屋上での取材を再三希望したが許可されなかったため、こんどは衆議院に対してその許可を求めたが、同院は同記者会の意見を徴したうえで不許可の回答を行った。そこで同テレビは国および同記者会に対して損害賠償を請求した。

これにつき東京地裁は、2015年、「被告記者会がその構成員とする新聞、通信、放送各社に比して、インターネットを利用するジャーナリストは、多数かつ多様であって、本件建物を占有管理する被告記者会としては、……本件建物の保守管理上支障が生じることのない範囲で公平かつ妥当な対応をするための諾否の基準はいかにあるべきかを事前に検討しておくことが必要になると解される。そうすると、被告記者会が、そのような基準が存在せず、そのような基準の在り方につき本件建物を所管する衆議院との間で協議したこともなかった当時の状況の下で、上記のような理由により、原告に対し本件屋上の使用を認めなかったことをもって、不正な動機による不平等な取扱いであるということはできない」と述べて請求を退けた（東京地裁2014年10月14日判決、判例集未登載）。同テレビは控訴し、棄却されたためさらに上告したが、最高裁は2016年、これを受理しない決定を行った。（東京高裁2015年4月14日判決、判例集未登載、および、最高裁第一小法廷2016年3月24日決定、判例

集末登載）

しかし、以上の判例が提示しているフリーに対する差別の理由付けには、ほとんど説得力がないように思われる。まず、フリーの中には真にジャーナリストとみなしうる者もいればそうでない者もいるが、その線引きが難しい（④事件）、あるいは、その線引きの基準が未制定であるから（⑦事件）差別的取り扱いが肯定されるという理由づけは、一応、「取材の自由」（政治・社会権力に対して情報開示や事情説明を要求しうる権利）を表現の自由の一環として位置づけるならば、明らかに正当な理由たりえないものであるし、また、現状では取材の自由の人権性が承認されていない（「問題提起」において論じたように、筆者は現状をそのように認識している）点を重視するとしても、それは憲法14条とは相いれない理由づけなのではないかという強い疑念が残る。

また、⑤事件判例は「速報性」を差別の理由として挙げているが、これはメディアと同等、あるいはそれ以上に迅速に情報を伝達しうる手段が誕生し、それを容易に利用しうる現状に照らせば全く説得力のない理由づけであろう。さらに、⑤事件および⑥事件の判例の挙げる「正確性」についても、一般市民の側から見て、既存の新聞・放送が、フリーと比べて事実のより正確な報道を行っているか、大いに疑問であると言わざるをえない。あえて踏み込んだ言い方をすると、裁判所の言う正確性とは「権力側から見た」正しさなのであって、それは結局のところ「権力による内容コントロールの可能性」のことを意味するのではないだろうか。なお、⑥事件判例は、新聞・放送の記者が「資質に優れた者」であるような言い方をしているが、企業内の記者であるからフリージャーナリストと比べて資質・能力にすぐれていると見なしうる制度的・経験的な根拠は——特に、ジャーナリストに対する養成教育制度や資格制度がなく、またそれを反映した記者採用制度のないこの国においては——何ら存在していないというべきだろう。

4．「ジャーナリスト」を救出できるか

ではこの国において、なぜかくまで厳しく「ジャーナリストの自由」は抑圧されているのだろうか。その主因は、すでに問題提起で言及したこの国における「取材の自由」の不在にあると思われる。

すなわち、取材の自由という手掛かりのない場所でなおもメディアが権力内部の情報を継続的に入手し、自らの事業を安定的に継続しようとすれば――メディアは権力を監視する「ウォッチドッグ」であるというジャーナリズムの原理・原則からすれば奇怪なことだが――、自らが権力者にとって「信用のおける」存在であると証明した上で、その内側に入り込むしかなくなる。権力側から見れば、確かにメディアがもつ世論操作力は魅力的であり有用であるが、だからといって内側にメディアを引き込んだ後、相手に拳銃を抜かれたらたまったものではないからである。

またそのような信用を維持するためには、メディアはその組織が隅々までコントロールされていることも権力に対して証明してみせなければならなくなる。異分子が元気に動き回ることのできるような緩い規律のメディアでは、たとえその上層部を手なずけたとしても、権力側は全く安心できないだろう。結局メディアは、そのような権力側の懸念・不安を忖度して、内部の異物を慎重、かつ徹底的に排除するとともに、「素性のわからない」外部の者を近づけない姿勢をとることになるのである。すでに引用した「編集権声明」は、そのような日本のメディアのマインドの具現化であり、その本質はメディア企業の政治・社会権力に対する「忠誠宣言」であると見

ることができよう。そして本章において見たように、裁判所は、このような問題性につき十分な認識を欠いたまま（あるいは、自らも政治権力の一部として周到な配慮を働かせて）、編集権を絶対視し、記者・制作者を精神的無権利状態においてきたのである。

ともあれ、こうした構造をもつメディア業界においては、必然的に、下（現場）からモノゴトを考えていくというジャーナリズムの基本精神とは真逆の、「上意下達」のシステムと行動様式が創出され、膨張していくことになるのが必然の成り行きである。メディア業界は系列化、クロスメディアなどによって厳重に組織化され、さらにそのようにして構築されたムラ社会を取り仕切る「仕切り屋」「世話人」、たとえば、日本新聞協会、日本民間放送連盟、電通、「郵政」族その他が跳梁跋扈する。結局そこには強固なウチ・ソト関係と疑似官僚制が構築され、記者・制作者は限りなくその主体性を剥奪され、道具化していく。そして、この業界村の上流に鎮座しているのはもちろん「お上」であり、その意向はこうしたシステムを通じてあらゆるメディア、コンテンツにおいて徹底されることになるのである。

では、このようにがんじがらめの権威主義的構造の中で死に瀕しているジャーナリスト（これは実在の記者・ジャーナリストというよりも、むしろ「概念」としてのジャーナリストということになる）とジャーナリズムを救出し、状況を変革する方法はあるだろうか。従来、この「病理」に対する処方箋として示されてきたのは、①メディア業界への対抗軸としてのフリーも参加する企業横断的なジャーナリスト・ユニオンの結成、②「編集権声明」の撤廃、③専門職としてのジャーナリストを養成する制度の構築、④ジャーナリストの「取材の自由」の保障・強化などであった。しかし、メディア企業の経営者のみならず大多数の企業内記者がメディア＝権力村の「ムラビト」であることに自足し、自らが実は抑圧を受けているという事実についても、自らが外部者を差別している事実についても無関心であり無頓着に見える現状においては、上記の四つの改革案のいずれも、残念ながらその実現可能性は限りなくゼロに近いと見なさざるを得ないだろう。

そうだとすれば、私たちは別の処方箋を書くしかない。それは、メディア産業の国家権力からの分離の徹底である。具体的には、まず、新聞販売上の優遇措置、記者クラブ所属メディアへの事実上の便宜供与などさまざまな業界特権の廃止、政府広報などの手法によるメディアへの事実上の国家助成の禁止、さらにはNHKの全部あるいは一部の民営化、放送法4条の規定する公平原則の撤廃などが「ジャーナリストの自由」、ひいては「ジャーナリズムの自由」の保障のために検討されるべきであろう。さらに、こうしたプログラム（国家とメディアとの「切断」）についてメディア業界が「自主的に」実行する可能性がゼロである現実に鑑みれば、それは政策的に、つまり政府が主導して実現していくしかないであろう。

もちろんこれは、この国のメディア産業、特に新聞産業の更なる衰退につながりかねない、いやそこに不可避的に直結する道である。しかし私はあえて、次のように問いかけたい。

「人間の自由なきメディアに、権力による統治のシステムの一部と化してしまったメディアに、問題意識を喪失したメディアに、果たしてどれほどの存在意義があるだろうか？」

私たちがいま、なすべきことは、メディア企業・業界の生き残りのためにさまざまな策を練ることではなく、むしろその逆、つまりその衰滅を恐れず、まずはジャーナリスト、元記者、メディア企業などが制度的に同じ地面に立っている「原野」を回復することなのではないだろうか。

＊注

（1）また、最高裁も、いわゆる「反論権」が争点となった日本共産党対サンケイ新聞事件の最高裁判決（最高裁第二小法廷判決１９８７年４月24日、最高裁判所民事判例集41巻3号４９０頁）において、「新聞等の表現の自由」と「新聞を発行・販売する者の自由」を同視する見解を示し、記者の「精神的無権利」を示唆している。

（2）これに関して詳しくは、「刑場取材　記者を限定」朝日新聞２０１０年9月2日朝刊（執筆・谷津憲郎記者）参照。

（3）これについては、「『原発』取材　選別に批判」毎日新聞２０１１年11月22日朝刊（執筆・臺宏士記者）参照。

（4）これに関して詳しくは、「『国会記者会館』こそ『政治＝マスコミ癒着』の象徴だ」週刊ポスト２０１０年8月13日号41〜43頁、「国会記者会館　誰のため?」東京新聞２０１２・７・20朝刊（執筆・中山洋子記者）参照。

Ⅳ

「ジャーナリズム」という日本語のトリセツ

——「マスコミ」の消滅はジャーナリズムの消滅を意味しない——

木村英昭

1．外向けの言葉としての「ジャーナリズム」

私は朝日新聞社という「マスコミ」業界に20年以上身を置いていたが、思い返してみると、記者同士の日常会話で、「ジャーナリズム」という言葉に出会った記憶がほとんどない。そんな程度の記憶しかないのだから、極端に使用頻度が低いのは間違いない。職業を聞かれるとジャーナリストではなく、会社での職業を示す「記者」と呼称することがしばしばだ。この数年、学生の就活のサポートに関わる機会があったから断言できるのだが、面接で「ジャーナリズムについてどう考えるのか」といった類いの質問はほぼない。「ジャーナリズム」という言葉は「マスコミ」業界の内部では縁遠い言葉である。

一方で、組織の外に出ると、記者たちは饒舌だ。しばしば「ジャーナリズム」という言葉を持ち出しては、原則や倫理を論じたり、語ったりする。その記者たちの話を聞いたり、書き物を読んだりする一般の人たちからすれば、既成メディアの「マスコミ」はジャーナリズムを実践する組織なのだろうと思い込んでしまう。

この内と外との落差はなんだろう。

研究者も「ジャーナリズム」という言葉を使い、ジャーナリズムを論じる。当事者の記者たちにしてみれば、いったい何を言われているのか、ピンときていないかもしれない。普段現場で使いもしない非日常的な言葉を持ち出されて、ああだ、こうだといわれても、自分に言われているとピンとくるだろうか。

もしかしたら、「ジャーナリズム」という言葉は、「マスコミ」業界の内側では発せられることはない、外向けの言葉かもしれない。そんな仮説を立ててみる。

その仮説をめぐって、私は「日本のワセダクロニクル――『マスコミ』業界の擬態から離脱して、ジャーナリズムNGOへ」(『探査ジャーナリズム/調査報道――アジアで台頭する非営利ニュース組織』収録)という論稿で、新聞社(朝日新聞社、毎日新聞社)の有価証券報告書を検討した。収益は不動産関連事業に大きく依りかかっており、ジャーナリズム活動によって利益は生み出されていないことを確認した。その結果、日本の「マスコミ」では「ジャーナリズム」という言葉が経営政策上の言葉として効果的に使用され、実際はそうではないのに、外に向かってはジャーナリズムの組織であるかのように見せかけるため、つまり「擬態」するための道具として、

「ジャーナリズム」という言葉が扱われているのではないか、という疑念を提示した。独立・非営利のニュース組織で、ジャーナリズムＮＧＯのワセダクロニクル[1]の運営に携わる立場からすると、この疑念は一向に打ち消されていない。[2]

本稿では、そもそも「ジャーナリズム」という言葉がどのように日本のメディア史に登場してきたのか、その源流を訪ねてみることにする。「ジャーナリズム」は外来語なのか、借用語なのか。いずれにしても、日本語に移し替えることに失敗した言葉であることは間違いない。言葉をめぐる動静から、日本の「マスコミ」業界のＤＮＡを観察してみることにする。

日本の新聞が発生したとされる明治維新の前後を出発点にして、辞書や新聞記事をめくろう。

2.「日記主義」としてのジャーナリズム

日本初の本格的な仏和辞典は『佛語明要』とされている。フランス語研究の先駆者、村上英俊（１８１１〜１８９０）が明治維新の４年前の１８６４年に刊行した。村上は独学でフランス語を習得し、江戸幕府の蕃書調所や明治期には私塾・達理堂でフランス語を教えた。この『佛語明要』によれば、journalは「日記」、journalismeは「日記者ノ法」とある。ismeを「法」、つまり「主義」としている。今で言えば、「日記主義」だろう。ジャーナリストのjournalisteは「日記者」となっている。江戸期の刊行なので、もちろん新聞社などはなかった。このため、むしろjournalismeに込められたjournal（日記）という意味を忠実に記述している。おそらくこの辞書が「ジャーナリズム」という言葉に対応する日本語を当てた最初ではないだろうか。明治維新の３年後の１８７１年にはお上のお墨付きを得た『官許仏和辞典（Nouveau dictionnaire Français-Japonais）』（好樹堂）が出版される。ここにはjournalismeはない。journalisteは「日記ヲ書ク人」だ。

日本で最初の民間新聞は1865年（慶応元年）の『海外新聞』とされており、横浜に入港する英国船が持ってきた英字新聞を抜粋、翻訳した。日本のことを伝える新聞は明治元年でもある1868年（慶応4年）まで待たなければならなかった。[3] 代表が『中外新聞』だった。『佛語明要』『官許仏和辞典』も日本に新聞が刊行されない時期に刊行された。編者たちはjournalismeにどのような日本語を当てるのか苦心したに違いない。フランスの日刊紙『フィガロ』はすでに1825年（すぐに廃刊になり、1856年に再び創刊）に発行されていたので、journalismeという言葉から想起される実体は日仏で異なっていたことだろう。

1862年、英国人によって初めて編集された英和・和英辞典『An English and Japanese and Japanese and English vocabulary』の「J」の項目にはJoyfulとJustしかない。18世紀の前後には『タイム』（1785年）や『ガーディアン』（1821年創刊、1959年までは『マンチェスター・ガーディアン』）といった新聞が創刊されていたが、この辞典は日本人から聞き取った語彙を集めたものだったので、日本にはまだ新聞社もない時期、journalismという言葉は人々の口の端に上がるはずはない。

明治政府は1869年（明治2年）から新聞の発行を後押しする。新聞紙印行条例を発布した。「流言飛語に悩まされた結果[4]」の政策転換だった。つまり、野放しにするのでもなく、政府側が発行に関与することで影響力を保持しようということだ。これを受けて、新聞の創刊が相次ぐ。朝日新聞は1879年、毎日新聞は1872年（『東京日日新聞』）、読売新聞は1874年（『郵便報知新聞』）もこの時期で、現在の新聞社の源流はこの時期に遡ることができる。留意しておかねばならないのは、日本の新聞は「表現の自由」や「プレスの自由」を掲げる民衆に背を押されながら創刊されたのではないという点だ。実際、朝日新聞を例にすれば、同紙が1882年から10年以上にわたって政府からの極秘資金援助で経営を立て直した「政府の隠れ御用新聞[5]」だったことは、メディア史が専門の有山輝雄の研究でわかっている[6]。

3. 消えた「profession（職能）」

1899年に刊行された『雙解英和大辞典』（共益商社書店）にはjournalismの言葉が収録されている。「The keeping of journal ; the profession of editing, or writing for journals. 新聞事業、日記ヲ掌《つかさど》ル、日報ヲ書ク」とある（読みがなは引用者、以下同）。ジャーナリズムのキー概念であるprofession（職能）という言葉が日本語では蒸発してしまっている点は注目したい。professionは「欧米諸国では、ジャーナリストは聖職者、医者、法律家と同じように、利潤追求のためではなく人間と社会に奉仕する人びとである、という職業観が浸透している。パブリック・サービスを目的とする専門職である。こういった一群の社会性の高い知的専門職能は、プロフェッション（profession）と呼ばれている[7]」。

新聞の発行部数はこの時期には、右肩上がりとなっており、1904年の日露戦争を跳躍台にして、さらに部数は拡張し、存在感を増していく。上流・知識階級の醜聞を暴露した『萬朝報《よろずちょうほう》』や『二六《にろく》新報』が民衆の支持を得たが、私生活の興味的暴露にとどまらず、政治的・経済的・社会的な力を持つ者たちの腐敗や不正の暴露を通じた社会の矛盾の指摘とその改変に力点が置かれた点は留意しておきたい。『萬朝報』（1892〜1940）の発刊の辞で、創刊者の黒岩涙香（1862〜1920）は当時の新聞を「売色遊女のごとく、みな内々に間夫《まぶ》を有し、その機関と為《な》れり」と、権力の同伴者であるかのような記者たちを指弾した。この黒岩の指摘は、今の時代の感覚と違《たが》わないのではないだろうか。百年以上前からそうなのである。

こうした視点で書かれる記事を苦々しく思う人間は当然出てくる。日刊紙『日本』の陸羯南《くがかつなん》（1857〜1907）もその一人だ。陸は1890年、有名な社説「新聞記者」を『日本』で書き、記者の「職分」を論じた。創成期に記者の職業論を論じた数少ない貴重な論考だ。陸は記者の職業を「夫《そ》れ政事上の職分は営利の業を為すに非《あ》らずして一の公職たり。而して官の命を蒙ぶるにあらず、又た民の托を受くるにあらず[8]」と定義した。民衆の負託に応える職業ではないと断言している。「一の天職」という。そして、陸からすれば、最近の記者は「営業的新聞記者[9]」であり、「彼らは真の智能なく又た愛国の心なく万事に冷淡にして当り障りなく巧《たくみ》に筆を回はし、唯公衆の情感を利用せんことを是れ勉むと[10]」と批判するのである。陸はそんな記者たちと自分を一緒にするな、と憤懣《ふんまん》遣る方ない。

興味深いのは、彼らを「営業的新聞記者の風[11]（プロフェショナル・ジュルナリズム）」と表記している点だ。陸においては、「ジャーナリズム」という言葉が、売文的な否定的ニュアンスを持った言葉として捉えられているようだ。陸のこの捉え方は当時の気分をあらわしてはいないか。

4.「劣等なる」ジャーナリズム

陸が社説「新聞記者」を書いてから約20年後。『読売新聞』の1909年12月19日付朝刊（日曜付録）2頁には「文壇無駄話　現代主義とジャアナリズム」というタイトルで以下のように「ジャーナリズム」という言葉が取り上げられている。

「さうして此の現代主義は、思想界に於ては、常に主としてジャアナリズムの形をなして發現する。或はジャアナリズムを方便として發現する。故の高山樗牛氏が評論に覇を稱へてゐた頃、樗牛氏にケチを付けんとする者は『あれはジャアナリズムだ』『高山は雜誌記者だ。』と言つた。」「今日の自然主義文學或は自然主義評論にケチを付けやうとするものは、また『ジャアナリズムだ』と言う。」

この「文壇無駄話」は、『太陽』を1895年に創刊した高山樗牛《ちょぎゅう》（1871〜1902）が死去した8年後に書かれた。「あれはジャアナリズムだ」という語感からわかるように、樗牛が筆を振るった当時、「ジャーナリズム」という言葉は好意的な意味を伝える言葉ではなかった。寸鉄釘を刺す批判の言葉でもない。むしろ人を小馬鹿にする、あるいは揶揄する言葉として「ジャーナリズム」という言葉が使われていたようだ。

同じ時期、『東京朝日新聞』の1910年1月15日付朝刊にも、「ジャーナリズム」という言葉の当時の使用法を伺える記述があった。

「暮れなりしと覺ゆ、『國民』の文芸欄に初めてジヨーナリズムの語を用ひたる人ありき、其以來大分彼方此方《かなたこなた》に引用せられて何時しか此語は『劣等なる文藝』とやうの意味に用ひられ來れり誠に心外の至りなり▽如何さま藝術の自由を云々する文藝家の目から見たらば束縛多きジヨーナリズムが劣等なる文藝と見らるゝも當然なるべし、さりながらそんなことを根に持つて此方よりも減らず口を叩かば今の文藝は『劣等なるジヨーナリズム』とも言ひ得べし、此では丸で坊主と醫者〔医者〕との喧嘩なり、互に他がプロフエッシヨンに對〔対〕する敬意を失はざらんことを期せんは如何にぞや」

「本書に聚集した新語は、極めて廣い範囲に亘って自由に選別したものである」とうたう、1918年刊行の『新らしき言葉の字引』（實業之日本社）の記述はこうだ。

【ジャーナリズム】journalism　新聞調、雑誌式、新聞中心、雑誌向き、などいふ意味。
【ジャーナリズムの文藝】新聞雑誌の雑報記事的の文藝といふ意味。純文藝でないことは明かで、例をあげれば「天民式」[12]（其項參照）の描寫はそれである。又、第二義として、文藝上の運動又は傾向が、新聞・雑誌によつて動かされる事をいふ。まじめな要求に影響された文藝ではなく、雑誌・新聞によつて流行を作られる不眞面目な文藝といふ意味。

1921年発行の『改修言泉』（大倉書店）でも、「じやあなりずむの文藝」の項目が立てられ、「新聞・雑誌の雑報記事風の文藝。眞面目なる内心の要求より出でしにあらずして、新聞・雑誌によりて、流行を作らるる文藝」と説明されている。

以上のことから、すでに文芸誌あるいはそこに掲載される小説との対比で、日本語の「ジャーナリズム」には、低級で、人を小馬鹿にし、揶揄し、睥睨《へいげい》として見下す意味合いやニュアンスが含まれていることがわかる。その一方で、新聞や雑誌の影響力の大きさはすでにこの時期に保持していたことも読み取れる。

1920~1930年代は「ジャーナリズム」の言葉の定義をめぐって綱引がなされた時期だった。『東京朝日新聞』1924年4月22日付朝刊は「大阪及東京朝日新聞が米国の三代表的新聞に送致せる排日問題に對する米國新聞紙の公正にして宏量なる態度を感謝せる電報は日曜日（二十日）の諸新聞に掲載され紐育の著名なる記者は『宏量なる新聞道《ジャーナリズム》』は他の何物よりも世界の平和に貢献する所が多いと論じて居る」と、「新聞道」に「ジャーナリズム」のルビが振られている。

1930年刊行の『1931年版　新聞語辞典』（竹内書店）にはジャーナリズムの日本語訳として単に「新聞文学、新聞雑誌業」とのみ記述されているが、1930年の『モダン用語辞典』（實業之日本社）には「新聞道」「新聞中心主義」を紹介している。主義（ism）の意味は残っている。同じ1932年に出版された『大百科事典第十二巻』にも「第一義的には新聞雑誌等定期刊行物の總稱〔総称〕である。第二義的には新聞的なる思潮、即ちその時代に最も普通關心的なる思潮を意味する。その價値は一時的ではあるが普遍的である」と記述された。

一方で、1938年に杉村広太郎（ペンネームは楚人冠《そじんかん》、1872~1945）は『山中説法』で「日本でジャーナリズムといふは、賣行がよくて金にさへなるなら、どんなものでも書かうというのをいふ。ジャーナリズムといふ英語も知らぬ奴原《やつばら》までが、人並らしくジャーナリズム呼ばへり、笑はせてはいけない[13]」と綴っている。杉村は日本語としてのジャーナリズムと英語のJournalismが意味を異にしていることを感じ取っていたようだ。杉村は1936年に東京朝日新聞社に入社していた。こうした、「ジャーナリズム」という言葉をめぐる風潮に認められた当時の新聞社に、白虹筆禍事件[14]で『大阪朝日新聞』を去った長谷川如是閑（1875~1969）はこう痛烈に批判した。「今日のヂャーナリズムが『嚴正中立』とか、『不偏不党』とか稱する看板を掲げているのは、ヂャーナリズムが資本主義的商品となつた爲に、出来るだけその特殊の群的感覺を避け、普遍的の一般感を捉へることによって、商品の普及性を擴大せしめんとするものに外ならない。本来のヂャーナリズムは決して萬國共通萬人共通の趣味に投じぜんとする資本主義的大量生産の商品のやうな性質をもつものではなく、ある社會群の特殊の地位に必然の『立場』をもつものであり、もたねばならぬものである」[15]

このように1930年代には、「ジャーナリズム」はモダンな言葉として辞書に収録されるまでになる一方で、商業主義的な偏重を含意する言葉としても使用されてきたと言えるだろう。崇高な主義として掲げられた「新聞道」「普通關心的なる思潮」という訳語は、商業主義の風雨の中に次第に溶解して使用されなくなっていく。前述の杉山の批判と同様な傾向を持つ記述は、1935年の『大辭典 上巻』[16]（平凡社）にもみて取れる。それには「一．新聞業。操觚《そうこ》業。」「二．新聞・雑誌向の記事。」に続き、三つ目の意味として、「讀者大衆の歓迎を記事の價値標準とし、場當り俗受のする興味本位の記事を掲載する新聞・雑誌経営上の一主義」とある。Journalismという英語が持つ意味とはまるっきりかけ離れてしまっているが、「経営上の一主義」としているあたりは、日本の新聞社などの企業体の正体を言い当てている。

日露戦争で発行部数を大きく伸ばした新聞[17]は、「マス化」による影響力の獲得と引き換えに、多様な価値観を持った読者の興味や関心に沿ったニュース編成が求められることになった。「たんなる事実の伝達者・媒介者として自らを提示していくことになる」[18]のであり、その結果、経営的にも堅調で収益をあげることができるのであれば、収益を上げれば上げるほど、その循環から抜け出ることはできなくなるのは必然である。なぜなら巨額の資本を印刷機械に投資し、より多くの従業員を雇用することになったからである。

1935年発行の『國民百科大辞典　第六巻』では、「ジャーナリズム」という言葉の変遷について、「ジャーナリズムハ日記・日刊新聞・雑誌等ヲ意味スルジャーナル（journal）ヲ語源トシ、新聞及雑誌ニ關スル一切ノ事業ガジャーナリズムト普通ニ呼バレテキル。故ニジャーナリズムトイヘバ新聞事業ト同意義ニ見ラレテキルガ、他方、近代出版事業ノ發展ニ伴ツテ、モツト廣義ニ演繹サレ、ジャーナリズムハ出版文化、若シクハ出版文化ノ企業形態トシテ解釋サレルヤウニナツタ」と紹介されている。実際、新聞社は近代経営に舵を切っていた。朝日新聞社の例で言えば、日露戦争終戦から3年後の１９０８年、『大阪朝日新聞』と『東京朝日新聞』が合併して、朝日新聞合資会社になった。資本金は約3倍に増資された。その約10年後の１９１９年には株式会社に改組した。１９３７年の日中戦争開戦を皮切りに突入した戦時体制下で、新聞が権力の広報機関としての役割を担い、部数をさらに飛躍させ経営拡大していったことは、ここで論ずるまでもないだろう。

5．奪われたjournalism

さて、「ジャーナリズム」という言葉の変遷をこれまでみてきたが、特徴を整理するとこうなるだろう。

まだ、近代的な新聞も創刊されていなかった明治維新前後には、journalの本来の意味である「日記」という本来の意味を含めたとして解されていた。明治政府の後押しを受けて新聞が創刊されるようになると、１８９０年代には「日記」という意味の他に、「新聞事業」という言葉が含意されるようになる。この時点で、journalismの主義（ｉｓｍ）は次第に意識されないようになり、新聞や雑誌を発行する事業体そのものをさすようになる。同時に、新聞や雑誌が売れればいい、という金儲け主義に走ることに対する批判が起こり、「ジャーナリズム」という言葉はその批判を背負う言葉としても使われるようになった。それは１９３０年代には定着した。

しかしながら、こうした批判は今日、相克されたであろうか。現代では、批判の言葉は「マスゴミ」に置き換わった。

第二次大戦の敗戦後、哲学者の鶴見俊輔（1922〜2015）は「明治以後の舶来の言葉としての『ジャーナル』（ジャーナリズム、ジャーナリスト）は、毎日の記録としてとらえられることがなくなり、市民が毎日つけることのできる日記との連想を断ち切られて、新聞社あるいは雑誌社などの特別の職場におかれた者の職業的活動としてだけとらえられるようになった。ジャーナリズムはこの時以来特権と結びついたひとつの活動としてとらえられるようになった[19]」と分析した。武谷三男、武田清子、鶴見和子、都留重人、丸山眞男、渡辺慧とともに『思想の科学』を創刊し、1950年代の生活記録運動に高い評価を与えたのは、特権組織としての新聞社に独占されてしまった「ジャーナリズム」という言葉を民衆の手に取り戻すための試みだったと解したい。鶴見は民衆を知識人から教えを請う客体ではなく、思想・文化の形成を担う主体と位置付けた。そして「今後も新聞・雑誌などの職場をすでに与えられた者の活動を越えて、市民のなしうる記録活動全体の中にジャーナリズムの根を新しく見いだすことに日本のジャーナリズムの復活の希望があると思う[20]」と呼びかけたのであった。

しかし、その鶴見の問題意識は結局、ジャーナリズムという言葉には注入されなかった。「ジャーナリズム」という言葉は、権力監視という役割も、ジャーナリズム活動を通じて市民社会の改善に資する使命も、辞典類には記述されなかった。「ジャーナリズム」という言葉が、日本という独特の風土の中で独特な形態に育っていった。「ジャーナリズム＝Journalism」ではない。

『広辞苑』の初版代10刷（1961年）には「ジャーナリズム」は「①新聞・雑誌・ラジオなどの事業（界）。またその勢力。②新聞・雑誌・ラジオの汎称」とあり、最新の7刷（初刷2018年）もほぼ同様な記述になっている。そこには、ジャーナリズムの役割や使命はもとより、フリーランスや独立系メディアを想定した記述すら、ない。

6．「モザイク模様」のジャーナリズム界の構築

さて、少し目を広げてみる。

世界探査ジャーナリズムネットワーク（GIJN: Global Investigative Journalism Network）は独立・非営利のニュース組織をつなぐ、世界的ネットワークだ。ミッションは探査ジャーナリストとデータジャーナリストに訓練の場と情報の共有を提供することである。GIJNは２００１年にデンマークのコペンハーゲンで最初の集まりを持ち、その2年後の２００３年に世界大会を開いた。その２００３年の世界大会では３００人ほどの参加者だったが、現在では、76カ国から１７７の団体が加盟するにまでになった。GIJNは団体加盟だ。「マスコミ」では独立非営利のニュース組織中心に構成している。日本からは筆者の所属するワセダクロニクルが２０１７年に加盟した。ニュース組織としては日本初の加盟である。

キーワードは「非営利」「独立」「探査ジャーナリズム」。リーマンショック以降を契機にした経済不況の中、既成メディアが「金と時間がかかる」とされる探査報道部門を閉じることになるなかで、その対抗軸として、広告に依存しないで財政的に「独立」した「非営利」型で、「探査ジャーナリズム」をするニュース組織が次々と誕生してきているといえる。

このことは何を意味しているのか。ジャーナリストがジャーナリズムの成果を発露する活動の場がもはや既成メディアに限定されることはなくなったということである。インターネットの登場とその劇的な進化で、高価で大型の印刷機や発信装置は必要とされなくなった。旧来は既成メディアを使って取材の成果物を発信するしかなかったフリーランスも、自由になった。ジャーナリズムは既成メディアの占有物ではなくなったのだ。ジャーナ

リズム活動によって作り出される社会空間を「界」[21]という概念で表現するならば、ジャーナリズム界は多元的で相対的であり、既成メディア（「マスコミ」業界）を含めた様々な部分界がジャーナリズム界の内部で衝突し、消滅し、融合し、創出されているととらえることができる。[22]これまでジャーナリズムの領域として顧みられることのなかった、あるいは無視されてきた「ミニコミ」の創刊や戦後の「生活記録運動」などもジャーナリズム史のなかに位置付け直してみれば、戦後の日本のジャーナリズム界の一時期は確かに豊かで多元的な社会空間だった。[23]高度成長の伴走者として拡張した発行部数や広告費の拡大の流れの中で、既成メディアは膨張し続け、民衆の手による「ミニコミ」発行運動や生活記録運動といったムーブメントをやがて周縁に押しのけていき、ジャーナリズム界を占拠していった。そして、「ジャーナリズム＝新聞・テレビ・雑誌」という、根拠なき固定観念を人びとに刷り込んでいった。メディア研究者もその構築物の正体を決して射抜こうとはせず、その構築物を疑いもなく前提にしながら、時にソフトな批判を織り交ぜながらも、かえってその構築物をより強固にする「共犯者」として振舞ってきたことを指摘しないわけにはいかない。決して構築物の土台そのものには手をつけない。本書編者の大石泰彦が問題提起した「制震装置」（本書24頁）としての役割を研究者もまた担ってきた。

今、既成メディアの経営は悪化している。出会い系婚活サービス事業にまで手を出すようになっている（本書195頁参照）。経営の悪化によって、既成メディアは占拠していたジャーナリズム界で影響力を次第に失い、縮小傾向に入った。やせ細れば骨格が浮かび上がり、正体が現認しやすくなる。したがって、筆者は既成メディアの経営悪化を肯定的に受け止めている。

今、「ジャーナリズム」という言葉をめぐる闘争が発生している、と言えるだろう。既成メディアか、あるいはそうではない勢力の、いずれがジャーナリズム界の主導権を握るか、の闘争である。既成メディアもジャーナリズムという言葉が経営上有効に機能するのでなかなか手放さない。その綱引きはその境界線上でせめぎ合っている。もちろん、独立・非営利のニュース組織を運営する筆者の立場からすれば、後者になる。つまり、ジャーナリズム界での主導権を既成メディアから奪い返すという立ち位置になろう。留意すべきは、その綱を持ち、最後の一引きをするのは市民である。市民がいずれかを支持するかだろう。既成メディアを「マスゴミ」と罵ったところで、それに取って代わるジャーナリズム活動を市民に提示し、それとその成果を市民が支持しなければ、その綱はこれまで通り既成メディアに引かれるだけである。既成メディアに取って代わるだけの力を持った選択肢がなければ市民は選ぶことは不可能だ。これまで、既成メディアを批判する勢力は既成メディアに対抗できるだけのムーブメントを起こし得てきたのか、という問いも立てる必要があろう。このことを、筆者に引き寄せて記述するならば、ワセダクロニクルは市民からの寄付によって財政的に持続可能なニュース組織として存立し続けることができるのか、ということになる。

言葉は世界を反映する。主導権を奪い返したとき、「ジャーナリズム」という言葉がフリーランスや独立系メディアの活動をも含意した内容で『広辞苑』には記述されることだろう。このとき、ジャーナリズム界は豊かで多様性のある「モザイク模様」[24]になっているはずだ。

7. 「マスコミ」の消滅はジャーナリズムの消滅を意味しない

最後に、「マスコミ」という言葉について触れておきたい。

「マスコミ」という言葉は、戦後に誕生した言葉だ。mass communicationを短縮した日本語で、哲学者の鶴見俊輔によると、言語学者の大久保忠利（１９０９～１９９０）が発明した、とのことだが[25]、その出典は記載されておらず、見つけられなかった。

１９６１年に刊行された『広辞苑』の初版10刷（初版１刷は１９５５年刊行）には、「マスコミュニケーション」の言葉は掲載されているが、「マスコミ」はない。すでに、朝日新聞東京本社版朝刊（６頁）には、１９５７年11月15日付と同16日付に、「〝マスコミ〟の影響力」という上下の連載が開始されている。また、１９５６年６月25日付読売新聞東京本社版夕刊（３頁）では「マスコミ」というコラム連載が始まった。それでも、この時点では『広辞苑』に収録すべき言葉ではない、という判断が編者にはあったのだろう。

『広辞苑』に「マスコミ」が登場するのは、１９６９年の第２版からである。そこには「『マスコミュニケーションの略』」とだけ記載されている。現在の７刷ではもう一つ、「転じて、マス・メディアやその業界の意にも用いる」と出ている。実際には非常に多義的で擬人化されて使われるケースもあれば、メディア（媒体）としての新聞やテレビも指す場合もある。「小沢氏が『マスコミに囲まれた中では腹を割った話はできない』ことを理由に欠席[26]」、「一番多いのはアメリカで、50州すべてから、新聞、テレビなど何らかのマスコミが来るという[27]」、「『マスコミが書くことはひとつだろうけどね[28]』」などだ。

「マスコミ」という言葉は、mass communicationを語源とすれど、戦後の既成メディアの興隆とともに誕生した日本語である。定義不能で多義的なこの言葉は、むしろ既成メディアの様式やカルチャーを反映しているといえるだろう。現在、日本で発行されている主要な新聞は明治期にその源を持つ。百有余年をかけて磨き上げてきた様式やカルチャーの到達点が「マスコミ」という言葉にあるとするならば、たとえその言葉が戦前にはなかったとしても、明治期以降の既成メディアを指す言葉としては「マスコミ」がもっとも適当だと筆者は考える。

実は、記者クラブは情報源である権力側が自分たちにとっての大きな利便性のゆえに維持しているものである。スペースを与えて、そこに呼び寄せ、記者側に記者会見を主催している名目だけを与えて満足させ（最近はこの主催者という立場も怪しくなってきている）、実質上、権力側は記者クラブを自分の広報部門の「延長された手」として利用しているのである。中国共産党のようにメディアを「党の喉であり、舌である」とまでは露骨に言わないまでも――。日本ではこの装置によって「オフィシャル・ストーリー」（見解を発表する側の公式見解）がメディアで伝達拡散されているのが常態であり、それをもって日本「マスコミ」は「客観報道」だと自認している。それによって何が起こっているか。公式見解に対して批判的な距離を取ることを求める「客観性（objectivity）」原則が空洞化し、「オールターナティブ・ストーリー」が生産されないのである。言葉が似ているので紛らわしいが、「客観報道」と「客観性」は真逆の方向を持っているのだ。「客観報道」栄えて、「客観性」死ぬ、という事態なのである。それは反ジャーナリズムにほかならない。

（3）7社共同宣言

3番目は、今日ではあまり知られていない「7社共同宣言[9]」である。それは、1960年6月17日、東京の7つの新聞社、すなわち朝日、毎日、読売、産経、日経、東京、東京タイムズがそれぞれの朝刊に「共同宣言　暴力を排し議会主義を守れ」と題する同一の社説を掲載したことを指す。賛同する地方紙も掲載したので、雪崩を打ったように合計47の新聞がその宣言を掲載した。5月19日、警官隊が導入された国会では日米新安保条約承認議案が自民党単独で強行採決され、新聞は一斉に民主主義を破壊する暴挙として政府・自民党を批判し、岸内閣の退陣と国会解散を要求した。しかし、6月15日、国会を取り囲んだ大規模なデモ隊と警官隊の衝突の中でデモに参加していた一人の女子学生が死亡した。宣言はそれを受けて出されたものであった。

宣言は、「その事の依ってきたる所以を別として、議会主義を危機に陥れる痛恨事」とし、「その理由のいかんを問わず、またいかなる政治的難局に立とうと、暴力を用いて事を運ばんとすることは、断じて許されるべきではない」とした。つまり議会や政府に対してではなく、デモ隊側だけに暴力の使用を認定して、デモ隊つまり暴政に抵抗する民衆の抗議活動を批判したのである。警官隊の暴力に守られた強行採決への批判や岸内閣退陣の要求はどこに行ってしまったのか。新聞は一夜にして集団転向したのである。しかも、死者が出ているのに、その経緯や理由は問わないということは言論の対象にしないということであり、言論の放棄に等しい。

この宣言は、日本の新聞業界が「政治的難局に立つ」と、言論を放棄して体制翼賛的な行動を取るという「体質」を持っている証左であり、それは今も生きている。２０１１年3月の東日本大震災に伴って発生した原子力災害における日本「マスコミ」の一致した行動様式は、その体質の発露だった。原発の爆発とメルトダウンは「東日本壊滅の危機」という緊急事態であったけれども、同時に「原発安全神話」というプロパガンダのウソが露呈したことで、体制の信用性が地に墜ちたという、体制にとっての政治的事故（political accident）であった。つまり予期せぬアクシデントであり、体制の政治的危機であった。「7社共同宣言」のような宣言こそ出されることはなかったが、というよりも、宣言を出す必要性すらなく、「その事の依ってきたる所以」は問わず、責任を問いただす権力批判は休戦状態となり、統治機構から出される情報が無批判的に流され、政府の情報隠蔽が疑われることはなかった。こうした「体質」とは何を意味しているのだろうか。それは、日本「マスコミ」には権力批判の天井があり、それが内蔵されているということである。その天井は意外と低い。あらかじめ天井があること自体が反ジャーナリズム的であるのみならず、その低い天井の高さそのものは日本「マスコミ」が自分の手で決めているのである。

そして、その天井の正体とは何か。「公共の福祉」である。その言葉の意味は何か。「公益および公の秩序」を守ることである。その実態は何か。統治機構の中での「公務」の遂行である。「7社共同宣言」によって、日本「マスコミ」はそういう理解に立っていることを公に宣言したのである。はからずも「体質」をみずから暴露したのである。すなわち日本「マスコミ」においては、プレスの自由は「青天井」なのではなく、最初から権力との間の「出来レース」なのだということをわれわれは知らなければならない。

さて、以上挙げた三つのものの存在は、規範的ジャーナリズムの価値から見たとき、本来あるべきものの反対物の存在にほかならない。それら三つに支えられた「会社ジャーナリズム」（corporate journalism）、「発表ジャーナリズム」（access journalism）は、ジャーナリズムの「偽装形」であり、ジャーナリズムではない。

そう言われると、「日本には憲法第21条があって、言論の自由があるし、独裁国家ではないので、マスコミはジャーナリズムとして一定の役割を果たしているのではないか」と反論する人々が少なくないかもしれない。しかし、それが幻想なのである。以下では、それがとんでもない幻想であるということを証明していこう。

4．なくてはならないものがない――肯定物の非在

日本「マスコミ」の景観を眺めるとき、規範的ジャーナリズムの価値からすれば「なくてはならないもの」なのに、日本「マスコミ」においては「存在しないもの」を見出すことができる。ここでは六つの存在の空白を列

挙し、簡単に説明していこう。

(1) ジャーナリスト養成教育――「個」としてのジャーナリストのプロフェッショナル教育

ジャーナリズムという「イズム」の実践には、「個」としてのジャーナリストの営為が基本に置かれている。そのジャーナリストには4月1日の入社式で突然なれるようなものではなく、その「イズム」を習得する機会と過程が必要だ。何を学んだ上で、それを職業として選択するのか。ジャーナリズムの社会的使命とジャーナリストの実践倫理を学ぶのである。ジャーナリズムとは何か、その社会的機能や存在意義とは何か、そして、ジャーナリストとはどのような職業か、何をしなければならないのか、何をしてはいけないのか、これらの問いに正面から向き合うことをまず学ぶのである。それらの問いは、デモクラシーにとってなぜジャーナリズムが必要かということ、そしてジャーナリストという職業がなぜ市民社会への、公衆への、パブリックへの奉仕という思想を獲得したのかということを考える出発点なのだ。すなわち、ジャーナリストには養成という契機が不可欠であり、養成には教育機関という施設が不可欠である。そのようにして初めてプロフェッションとしての、専門的職能としてのジャーナリストは成立する。

しかし、そのような機能的思想に共鳴板を持たない国がある。敗戦国となって占領軍総司令部によるプレスの民主化改革の中で、三つの勧告の一つとしてジャーナリスト養成機関を大学に作ることが出されたあと、それを業界と大学で短期間の間だけ試みるも、主権回復とともに忘れ去られていった。ジャーナリスト養成教育を受け付けない、排除するということ、それ自体が日本「マスコミ」の特色だと言える。日本「マスコミ」にとって、ジャーナリスト養成教育とはなくてもやっていけるというものではなく、あっては困るというものだったのである。

(2)ジャーナリスト・アソシエーション――個人加盟の職能団体による自己統治

「個」としてのジャーナリストは、職能人としての職能的連帯感をもってまとまろうとする、つまり個人が集まってアソシエーションないしギルドを結成する。個人加盟の職能団体の誕生である。ジャーナリストたちは、そこを基礎として、職能の水準向上を図り、職能倫理の議論を通じてみずから倫理の基準を策定し、アソシエーションはそのみずから制定した基準を維持し担保する組織となり、優れた実践者を顕彰し、倫理的逸脱者を追放し、対外的にはその職能集団を代表し、その職能の価値に対する社会からの承認、職能への理解と支持を獲得すべく活動する。つまり、職能人として実践倫理を自分たちで決めて、自分たちで護ろうとする。そのようにして自分たちの仕事の自律性と独立性を防衛する砦を自分たちで築くのである。

しかし、この国にはそのようなものは存在しない。存在しないまま、やってきた。どうしてそれでやってくることができたのか。日本新聞協会や企業内労働組合およびその連合体などがごく部分的にその役割を代行してきたと言う人がいるかもしれない。しかし、そのことが逆に純正のジャーナリスト・アソシエーションの成立を押さえ込んできた、阻んできたと言うこともできる。ジャーナリスト・アソシエーションは会社原理への対抗物であり、原理的に異質なものなのである。したがって、日本「マスコミ」はジャーナリスト・アソシエーションを必要としなかったのではなく、日本「マスコミ」にとってジャーナリスト・アソシエーションとはあっては困るものだったのである。

日本「マスコミ」にとって企業内労働組合とは会社原理を構成する基本的要素の一つであって、なくてはならないものである。世界的に見ると、会社単位の労働組合という原理は労働組合の組織原理としては特異なものだと言わなければならない[10]。そこでは、会社についても、組合についても運命共同体と捉える意識や理解の仕方から免れ得ない。つまり「わが社の安泰と発展」を社員一同で、組合員一同で支えるという意識である。それが日本ではメディア産業でも行われてきた。そこでは企業内労働組合と正社員主義は表裏の関係にある。ジャーナリスト・アソシエーションの設立は様々の要因から必要とされることもなく、無視され、排除されてきたが、この日本独特の、会社単位の労働組合もそのうちの一つの要因だった。ジャーナリストの職能組織とは企業の外に作るものだから、企業内労働組合との両立は難しいのだ。

そうすると、驚くべき逆説がここにあることに気が付く。前述の通り、「編集権声明」はもともと労働組合の力を排除するという目的と役割でGHQによって導入されたものだったが、それが気づかれることなくいつの間にか会社主義に基づくメディア統制原理へと役割転換したあとでは、奇妙なことに「編集権声明」と労働組合とがともに、日本においてジャーナリストが職能人としてまとまり、立ち上がることを抑えることに作用してきたと言えるのである。日本の記者たちにジャーナリストとしての職能的連帯の発現がほとんど観察できないという、世界的に見て特異な現象はこうして説明できるのではないかと思われる。また、上部団体の新聞労連なり、朝日新聞労働組合や日本放送労働組合（NHKの労組）などの個別の企業内労働組合なりから「編集権声明」廃止の運動がまったく起こらないという謎の現象もこうして説明できるだろう[11]。

この矛盾をわかりやすい言い方で言えば、少数だが存在してきた、優れた「組織ジャーナリスト」、つまり組織の中にあって「個」としてのジャーナリストを貫いてきた者は後輩たちに「新聞社員になるな、新聞記者になれ」と言うだろう。しかし、日本の労働組合は「新聞記者である前に新聞社員であれ」と言うのではないかということである。「個」ではなく組織第一、これが日本「マスコミ」を構成する大部分の人々の信条であろう。つまり、メディア企業というよりも普通の「会社」なのである。憲法第21条に関わりのある特別な経営体であるという自覚もなければ実態もない。ただ、これは日本の組織文化において一般的なこと、普通のことであって、不思議なことではない。人々は自己のアイデンティティーを帰属する組織に見出し、そのため組織を共同体と見なすようになるのだ。

もう一度確認しておくと、ジャーナリスト・アソシエーションという組織は共同体ではない。ジャーナリスト・アソシエーションは「プロフェッションとしてのジャーナリスト」たちの自主的な組織であり、いわば一匹狼たちが連帯したときの形態である。ジャーナリストはアソシエーションを作るけれども、共同体は作らない。

⑶ フリーランス――「個」としての自由契約主体というジャーナリストの存在様式

「個」としてのジャーナリストのプロフェッションの基本形はフリーランスである。サラリーマンではなく、いわば個人事業主である。自分のジャーナリズム作品（ストーリー）を発表媒体（メディア）に持ち込み、交渉し、評価を得られれば、短期・長期の契約を結び、契約関係の世界で自分の能力を必要として報酬を支払う用意のある発表媒体を移っていく。発表媒体に自分が選ばれると同時に、発表媒体を自分から選ぶ。そういう実力勝負の世界なのだ。だから、常に腕を磨こうと努力し、自分に投資をする。そういう仕組みの中で、米国や欧州のスクール・オブ・ジャーナリズムや研修機関は、ステップ・アップの一つの手段として、新しい知識とスキルを獲得して自分をイノベートする機会として、リカレント教育として機能しているのである。フリーランス、ジャーナリスト・アソシエーション、ジャーナリスト養成およびリカレント教育は三位一体のように繋がっており、お互いがお互いを必要とする関係にあるのである。したがって、どれか一つを切り離して単独で導入しようとしても無理なことであり、少なくとも3者の全体的な関連性の中で困難なアプローチを取るほかないのだ。

しかし、この国には、何よりもまずフリーランスが生計を立てることのできる、メディアの経済構造、発注構造がない。したがって、質的・量的に見て、フリーランスの生存基盤がほとんど存在しない。なぜか。それは会社原理の日本「マスコミ」がメディア界全体を支配していて、フリーランスの生存スペースを作らないからである。日本「マスコミ」にとって、フリーランスは原理的に異質な存在なのである。

職業的存在基盤で言えば、日本にはジャーナリスト・アソシエーションないしギルドがないので、フリーランスは自己の職業的コンペテンス（能力・資格）を提示する手段、つまり後見人のような保証制度を持っていない。つまり弁護士会のような組織がないのである。この国の体制では、メディア会社の社員（NHKの場合は職員であるが、変わりはない）にならなければ、「ジャーナリズム活動」（結果的には「会社ジャーナリズム」ではあるが）をするのは難しい。つまり会社が社員記者の後見人つまり後ろ盾になっていて、社員記者は初めて取材することができるのである。

日本「マスコミ」の社員（新聞社、民放）や職員（NHK）はそれぞれが帰属する会社や組織という共同体の中で暮らしている。大学新卒で採用されたときの記者やディレクターという名称はその共同体における「職種」であり、会社員や特殊法人職員が「職業」である。それに対して、ジャーナリストとは「職種」ではなく「職業」の名称であり、ジャーナリストとは共同体の住人ではない。共同体を作らない「個」である。いわば腕一本で生きる自由業なのであり、だから一匹狼なのである。

ところで、日本「マスコミ」によるフリーランスの構造的排除とは多少文脈が異なるのだが、指摘しておくべき重要な点として、日本「マスコミ」の内部における女性と外国人の排除という問題がある。男性・日本人中心主義が支配しており、ニュース組織の中でダイバシティが欠落している。近年、雇用機会均等法の効果で確かに女性の記者の数は増加した。しかし男性中心主義は温存されたままなので、社内や取材先でセクハラに晒され、それが隠蔽されることになる。管理職や役員の階層を見れば、女性は決定的に少ない。事実に語らせれば、日本新聞協会に加盟する主な全国紙・ブロック紙・地方紙（数え方にもよるが、50社を超えるだろう）のうちで女性の編集局長は２０１９年２月まで沖縄タイムス1社だけだったが、その月に神戸新聞が加わり、2社となった。仮に50社を母数とすれば、4％である。もしも全国日刊紙編集局長会議というものがあったとしたら、その会議の情景を思い浮かべただけでも、異様なものではないだろうか。そして、日本「マスコミ」はほとんど日本人しか採用してこなかった。この男性・日本人中心主義の問題は、ニュース組織におけるジェンダーバランスやダイバシティという組織上の問題に止まるものではない。日本「マスコミ」が言うところの「取材の自由」「プレスの自由」というものの信憑性（簡単に言えば、本物か偽物かということ）と密接に関係してくる問題である。構造化され無意識化された組織文化と「プレスの自由」の実践およびそのプロダクトとがどういう関係にあるかということが重要なのだが、それについては、紙幅の関係でここではこれ以上立ち入らない。

（4）ジャーナリズム学会――ジャーナリズムの自己観察と自己客観化の装置

ジャーナリズムは同時代観察の装置であるが、その装置の性能を維持し、更新していくためにはジャーナリズム自体を観察する装置が必要である。その必要性から生まれるのがジャーナリズム学会であり、ジャーナリズムはその運用をアカデミズムとの協働によって行うので「学会」となる。ジャーナリスト、つまりプロフェッションの実践家がアカデミズムの作法によって客観的に自己自身の活動を観察し検証して、特に倫理基準の策定と更新、ジャーナリスト養成教育のプログラムや教授方法の研究開発と更新、スクールの教育水準の維持と標準化、職能の歴史の批判的検証と保存、研究への社会科学的手法の導入と普及などのために活動する。それらによって、ジャーナリスト養成教育を担う教育者・トレーナー（エデュケーター）の養成と再生産が行われる。ジャーナリズム学会で修行を積んだジャーナリストがスクール・オブ・ジャーナリズムの教員に就く。日本のように、記者経験があるからといって、大学教員になれるわけではない。教育とはそんな安直なものではなく、科学的な方法論を必要とするものだ。

機能的な違いを指摘すれば、ジャーナリスト・アソシエーションはジャーナリストの主観的・集合的な自己統治の機能のために生まれ、ジャーナリズム学会はジャーナリストの客観的・集合的な自己観察の機能のために生まれるのだ。ジャーナリズム学会の方が難易度は高い。このような機能的なパーツがどこの国においても発達しているわけではない。完全に発達した国はないと言えるが、ある程度高度に発達した国々はある。

しかし、そのようなものは日本にはそもそも存在しない。つまり日本「マスコミ」は自己観察と自己客観化・自己対象化という契機を持っていない、内在していないのである。そこで簡単に陥る病理が自己満足だと言える。この自己満足は伝染病のように蔓延していて、感染者が病状を自覚することはまず無理なのである。なぜなら苦痛や痛みがないからだ。

(6) プレスカウンシル——苦情対応のためにメディアが共同設置する機関

プレスの生産物が個人的にも社会的にも被害を産むことがある。多いのは記事による名誉毀損であろうが、そのほかの様々の被害の発生によって被害当事者の中から、そしてオーディエンスの中から苦情が生まれる。そのような苦情を受け付け、審議して、必要な是正措置や救済措置を取り、被害を修復するために、プレスの編集・発行に関わる加害側の当事者たちが共同で設置するものが、プレスカウンシルである。新聞評議会とか、報道評議会とも訳される。そのような苦情対応機関の自主的な設置は、プレスの社会的な責任であると考えられている。読者・一般社会に対して職能倫理に則して公正な報道を行うと約束している以上、その約束が守られているかどうかをみずから検証して、守られていない場合に必要な救済策や改善策を講じることは読者・一般社会に対する「アカウンタビリティ」（約束の履行責任）（説明責任は誤訳である）であると考えられている。

しかし、この国にはそのような、共同設置機関は存在しない。なぜなのだろうか。共同設置機関を立ち上げる共同性が存在しないからである。つまりプレスの生産物に対する製造物責任を引き受ける当事者性が共同では自覚されていないのだ。責任を取るべき主体の構築が曖昧である上に、それぞれの主体が組織化されておらず、その組織間で「共同責任」で事態に当たろうという認識にまで至らないのである。

こうした事態の中で、製造物責任への高まる社会的批判に押されて、代用品として設置されたのが、新聞社ごとに設けられた「第三者機関」である。しかし、「有識者」というある種の階級によって構成された、この代用品には、共同性と当事者性が欠如している。

（7）電波監理委員会――独立行政委員会による放送メディアの独立性確保

最後は電波監理委員会である。この独立行政委員会はＧＨＱによる戦後放送改革の中でいったんは導入されたが、主権回復後すぐの１９５２年に吉田茂内閣によって廃止された。理由は行政の簡素化だったが、国情に合わないということだった。占領下で導入、独立後に消滅という点では、プレス改革の中でGHQの勧告により導入された大学でのジャーナリスト養成教育が主権回復後に消えていったのと軌を一にしている。両方とも共通して、ジャーナリズムおよびジャーナリストの自由と独立に深く関わる制度的な要件であった。

独立行政委員会が廃止されたことにより、放送局免許の交付を含む電波・放送行政上の大きな権限は、政府の一角である郵政大臣に、現在の総務大臣に渡されてしまった。政府がジャーナリズム機関でもあり得る放送メディアに直接権限を行使できるという、まさに「メディアの独立」という原則に反する仕組みがそこに完成した。民主制度をとる欧米諸国でそのような仕組みを採用する国はない。どこの国も何らかの間接的な仕掛けを工夫するのである。しかし、こうした日本の仕組みのもとで、最近でも2016年の高市早苗総務大臣発言（総務大臣は、放送局が政治的公平性を欠くと判断した場合には放送法第4条への違反を理由として電波停止を命じる可能性がある、という発言）のようなことが起こる。それは、その政府直轄の仕組みを使った、政府による放送メディアに対する露骨な政治的恫喝であった。放送法第4条は番組編集準則を規定しており、倫理的目標と解釈されてきたものであった。高市発言は、それを行政介入の根拠条項にしたのである。

さて、以上の六つ、つまりジャーナリズムにとって「なくてはならないもの」がないということは、ジャーナリズムにとって必要不可欠な構成要件を欠落したまま、つまりそれら無しの状態で日本「マスコミ」は存在しているということである。そして、それら欠落したものを新しく作り出そうというノイズが生まれない、煙が上がらない。それら六つを要求する実践や運動や闘いはどこにも見られない。そうした要求が出されることもなく、そうした要求の主体となるべき人々が立ち上がる気配もない。まったくの無風状態に近い。ということは、それらが欠落していても何ら「支障なく」やっていける存在だということである。ジャーナリズムに必要とされるものが、日本「マスコミ」には必要とされないということである。そのことはどう解釈できるだろうか。それらの非在が裏打ちして告げることは、すなわち日本「マスコミ」というものはジャーナリズムとは言えない何か別の、何者かだということである。

5．実はなかったのに、まるであるかのように——他者への擬制

日本「マスコミ」は「ハレ」(晴)の場では、「言論・表現の自由」「プレスの自由」「放送の自由」「メディアの自由」「報道の自由」「取材の自由」などのように、自由や独立の言葉をよく使う。いわば看板として使う。その言葉は、本来、補足すれば、「国家権力からの自由と独立」である。それは決して凡庸なことではなく、かなり特別なことである。それは権力を対象化して、観察し監視し批判するジャーナリズムだからこそ生まれる、付与される、また引き受けなければならない「特別性」である。

しかも、それらの自由とは権利として保証されて、そこに「どうぞ」と用立てて置かれているというものではなく、対権力との間の交渉過程の中で繰り返し闘い取られていくものであり、その闘いの結果として生成し存在するものである。ということは、常に権力との間に緊張関係があり、紛争や闘争が顕在化していることが普通のことであり、常態となるはずなのだ。

では、日本「マスコミ」にそのような常態が観察されるだろうか。日本「マスコミ」ではいざ「ケ」(褻)の場になると、途端に「国家権力からの自由と独立」という特別性は消えてしまう。なぜだろうか。そこに見られる

のは、権力を対象化した緊張ではなく、別のものである。自分自身が権力の内部で、その一部になって、権力の「身内」になっていることからくる弛緩である。そして、その弛緩状態はこの国の中では、日本「マスコミ」以外のプレイヤーからも認識され承認され、あるいは容認されているように見える。それが「ケ」の場での常態だと言える。それをクールに見れば、次のようなことが言える。

日本「マスコミ」の主体の一つである会社は、「編集権声明」で見たように、記者を職能としてのジャーナリストとして見てはいない。そのような特別性ではなく、普通の従業員と見ている。記者の側でも、大部分の自己認識としてはジャーナリストではなく、会社員であり、サラリーマンである。では、日本「マスコミ」の外部環境の側ではどうか。大石泰彦氏が「問題提起」で具体的な事象や事例を証拠（エビデンス）として挙げながら検証されているように、判例に現れる裁判所の認識は記者やその活動に特別性を認めてはいない。行政権力は、例えば安倍晋三内閣の菅義偉内閣官房長官の、官邸記者クラブ「内閣記者会」の記者会見での発言に見られるように、記者の職能的な役割への認識はなく、記者を行政お抱えの広報要員か速記係と見ている。そして、行政権力のトップと日本「マスコミ」のトップは、実際、日常的に「ケ」の世界で仲が良く、夜毎の飲み会や祭日のゴルフにと忙しい。しかも、それを恥ずかしいこととして隠すどころか、自慢さえしている。立法権力は、成立させる法律の条文の中で記者を特別の社会的使命を持った存在としてではなく、普通の業者として扱っている。一般社会ではどうかと言うと、人々はジャーナリズムについて教育を受ける機会がなかったので、メディアやジャーナリストの特別性についてそもそも知識も理解も持っていない。したがって、記者が特別な仕事をしているとは考えてはおらず、逆にやるべき仕事をする記者に対しては、政府や偉い人を無遠慮に批判するけしからん輩だと見ている。どこを見ても特別扱いの証拠は見つからない。

結局、日本「マスコミ」の「ケ」の場では、「国家権力からの自由と独立」などという規範も実践も、存在しないのである。「ハレ」の場のみならず「ケ」の場においても、それらをあるかのごとく、あるいはあるべきものとして語っているのは、大学の中の、概念と理論を重んじない一部の研究者と、日本「マスコミ」の内外の、定義と論理を重んじない一部の「ロマンティスト」や、単なる功利的な役割演技者ぐらいではないか。しかし、一般の人々の「常識」においては、この日本「マスコミ」の正体は割れていると言えるだろう。人々によって、その擬制は熱烈に支持されることもなければ、強烈に抵抗されるわけでもない。結局、自分たちには関係のないものとして、放置されているに過ぎないのである。例えば、「信頼」（trust）という言葉で語りうるような関係は片鱗も存在しない。

6．実はあるのに、まるでないかのように――自己への欺瞞

次に、「実はあるのに、まるでないかのように」扱われているものがある。それは冒頭で「あってはならないもの」として挙げた三つ、①編集権声明、②記者クラブ制度、③7社共同宣言、のことである。それらは言い換えれば、①日本的会社原理、②体制内化、③低い天井の暗黙の了解、である。それらは日本「マスコミ」にとって、不可視のままにしておきたいものである。普段誰も訪れない鎮守の森の祠に静かに置いておくものである。ただ、時折、村落共同体の外部の者たち、よそ者や旅人や外れ者が、その存在を引っ張り出してきて、「あーだ、こーだ」と問題にするに過ぎない。村びとにとってそれらはそもそも議論する対象ではないし、されても困るのだ。たまに無粋な議論があってもやがて収まるから、やり過ごして、元の静けさに戻るのを待てばいい。共同体の村びと

にとっては、それらは何ら困った問題ではないし、「空気」のように当たり前のことなのだから――。

しかし、なぜそのような態度を取るのだろうか。あるものはあるとして、その正当性を主張して、議論すればいいのではないか。なぜ議論を避けるのだろうか。

それは、少なくとも「ハレ」の場で、報道機関でありたい、ジャーナリズム機関の顔をしていたいからではないだろうか。それが、市場においてある程度の商品価値を持つから、あるいはかつて持っていたからではないだろうか。粉飾された商品価値と言えるかもしれない。日本「マスコミ」において、「ハレ」と「ケ」はシームレスに間断なくスウィッチされていく。不思議なほどにスムーズなので、スウィッチしていること自体が意識されることはない。普通「ハレ」と「ケ」は同時には両立できないのに、日本「マスコミ」は問題なく両立できるのだ。どのようにしてその両立は可能になるのだろうか。

私は「ハレ」と「ケ」の二重性を持ち込んで書き進めてきた。二重性と言えば、よく使われる言葉に「ダブルスタンダード」という言い方がある。これはご都合主義とほぼ同じ意味だ。しかし、日本「マスコミ」に見られる二重性はもっと深遠で、もっとスマートなものである。それは、ジョージ・オーウェルの『一九八四年』で「オセアニア」を支配している思考様式として出てくる、「二重思考」[12]（ダブルシンク）に近いものだ。

権力機構の一員になっているのに、「報道の自由」や「取材の自由」を主張する。また、それを実践していると信じている。「報道の自由」や「取材の自由」を主張し、それを実践していると信じつつ、権力機構の一員のままでいられる。つまり権力の外部に立つことでしか実践できないはずの行為が、権力の内部の一員として行われる。一方で「権力監視」や「知る権利」の言葉を表の看板では引用して使用し、しかし他方で母屋での実際の活動では体制権力の広報部門としての活動で組織を維持する。そこに矛盾を感じず、これらすべてがスムーズに可能なのは、〈二重思考〉のおかげである。相容れない矛盾が両立可能なのである。その組織や人々が意図的に嘘をついているとか、偽善を行なっているとか、やましい思いを持っているとかいうことではない。そのように意識されないように、意識が素早く働くので、痕跡は残らないようになっているのである。自己欺瞞が自己欺瞞として感じられることなく、自己欺瞞が重ねられていく。そこには、それと同じ重さの自己満足が痕跡として残る。では、それはいかにして可能だったのだろうか。

日本「マスコミ」が集合的な強い意志を持って、あらゆる機会に、システマティックに、徹底的に、自己再帰性と自律性・独立性を排除してきたからである。そして、そのようなものが排除された特異な「場」を構築してきたからである。私が肯定物の非在として列挙した六つは決して偶然に、無関係に、無秩序に並んでいるのではない。それらを整理してみよう。ジャーナリスト養成教育、ジャーナリズム学会、プレスカウンシルの三つは自己再帰性（reflectivity）の契機である。そして、ジャーナリスト・アソシエーション、フリーランス、独立行政委員会の三つは自律性・独立性（autonomy, independence）の契機である。自己再帰性のロジックは対内的に働き、自律性・独立性のロジックは対外的に働くという点で整合性がある。本来は、その両方がともに作動することによって、50%ずつをまかない、合わせると、当事者性というものが１００%担保されることになるのである。

ところが、逆に、それらが排除されているとき、何が起こるか。日本「マスコミ」はジャーナリスト養成教育、ジャーナリズム学会、プレスカウンシルを排除して、自己再帰性を失い、ジャーナリスト・アソシエーション、フリーランス、独立行政委員会を排除して、自律性・独立性を失った。いや、失ったのではなく、そもそもそれらを手に入れられなかったと言うべきか。先に触れた男性・日本人中心主義による女性と外国人の排除は自己再帰性と自律性・独立性の両方の喪失に関係していると言えよう。

自己再帰性の非在のもとで生まれるのが自己への自己の欺瞞であり、自律性・独立性の非在のもとで生まれるのが他者への自己の擬制であると言える。そして、客観的に見たとき、つまり批判的な距離を十分にとって観察したとき、日本「マスコミ」における自己再帰性および自律性・独立性の喪失と欠落は、権力化したことへの、権力になったことへの代償なのである。いや、体制内化し、エスタブリッシュメントとなり、権力システムの一翼を担うために自己再帰性および自律性・独立性をみずからの手で捨ててきたのだと言った方が適切だろう。まさにオーウェルが登場人物のゴールドスタインに書かせているように、〈二重思考〉と権力の関係は、「相容れない矛盾を両立させることによってのみ、権力は無限に保持される[13]」ということなのだ。日本「マスコミ」が権力の仲間入りを果たすことができた要件が、この〈二重思考〉の実践とその洗練だったのである。こうした構造的な操作によって、日本「マスコミ」に特徴的に観察される当事者性の不在という、不思議な「場」とその「空気」は生み出されてきた。また、こう考えることによって初めて、当事者性の不在を理解し説明することが可能となる。

人間はそのようなシステムの中に置かれている。日本「マスコミ」の中でうまくやっていける人間とは、結局、〈二重思考〉をうまく使いこなせる人間にほかならない。そのように馴致されていくのである。その馴致こそが日本「マスコミ」の社員教育や現場主義教育の本質である。〈二重思考〉に馴致された人間、あるいは〈二重思考〉を積極的に身につけた人間に対して、ジャーナリズムの当事者性を求めること、そしてジャーナリストであれと求めることは、原理的に見て、無理なことだと言わざるを得ない。他方、〈二重思考〉が苦手な人間はシステムの周縁に追いやられるか、日本「マスコミ」から排除されていく。つまり、そこでは決して成功しない。

ところで、日本「マスコミ」は一体いつ、この道を歩むことを集合的に決意したのだろうか。そして、いつ今日の完成形の域にまで達したのだろうか。これは興味深い問いであるが、本稿とは別の原稿を必要とする。

7．結論——日本「マスコミ」に、もはやカモフラージュは必要ない

（1）仮説の当否

結論として、冒頭に掲げた仮説に対する検証に入ろう。

規範的ジャーナリズムの基準から見たとき、日本「マスコミ」には「あってはならないものがある〜否定物の存在」と「なくてはならないものがない〜肯定物の非在」とが確認されたことによって、日本「マスコミ」はジャーナリズムではないと言える。前者で50％否定され、後者で50％否定されたので、日本「マスコミ」は100％ジャーナリズムではないと言える。もしこれが、否定物の存在と肯定物の存在が混在して競合しているのであれば、つまり「あってはならないもの」と「なくてはならないもの」が入り混じってせめぎあっている状態が観察され確認されたのであれば、日本「マスコミ」全体がジャーナリズムかどうかの決着はつかないし、つけられないだろう。否定物が肯定物を飲み込んでしまうか、肯定物が否定物を駆逐していくか、未決の状態が続くだろう。しかし、そうではなかった。そこには制度の矛盾の中で覇権（ヘゲモニー）をめぐる闘争は見られなかった。その闘争に立ち上がる制度的アクター、制度内部の当事者は認められなかった。多少のさざなみはあっても静かな凪の状態である。そのさざなみとは権利主体による闘争によってではなく、いわゆる「不祥事」の発生によって引き起こされる批判と対策であり、体制内化のもとでの逸脱行為とその正常化工作に起因するものであった。

日本「マスコミ」は確かに報道（reporting）という活動をやっていると言えるだろう。しかもそれは日本型「報

道」である。しかし、ジャーナリズム（journalism）という「イズム」をやっている、実践しているとは言えない。日本「マスコミ」の内部にいたり、その同伴者であったりすると、日本型「報道」とジャーナリズムとの違いさえわからなくなってくる。

以上のことが確認されたことによって、制度論的アプローチは擬似環境に作用していたため適合不全を起こしていたという仮説は妥当なものだと言える。これが仮説に対する結論である。

（2）本論からの帰結

では、そこから帰結を引き出されなければならないだろう。次にまとめてみよう。

①日本「マスコミ」をジャーナリズムの価値観から批判するのは、無効であり、無益である。日本「マスコミ」は体制内化して権力機構・統治機構の一部として有効に作動しており、メディア権力として、かつ体制維持装置としてむしろ順当に機能している。

②日本「マスコミ」を対象にしたメディア制度論の時代は終わった。私はそう考える。いや、実はもう随分と前に終わっていたと言うべきだろう。そうした状況の中で、今、日本「マスコミ」に、もはやカモフラージュの必要はない。偽装せず、ありのままの姿で、普段着のままでやっていけばよいのではないか。日本「マスコミ」には、あの六つの制度的装備は要らないものだった。以前、私は浅見と言えば、浅見だったが、それらを装備することを日本「マスコミ」に向けて提案してきたし、(14)そのうちで大学に身を置く者として自分にできること、つまり大学でのジャーナリスト養成教育の導入と仕組み作りについてはみずから乗り出すこともした。(15)そして、その試行実験は様々な、見える力、見えない力によって妨害され、阻まれた。私は、今、それらすべての改革提案を

取り下げる。見当違いのことをやっていたことに気づいた。そのことがわかるのに時間がかかりすぎたのは、実に不覚だった。反省する。私の処方箋、つまり提案や要求が「のれんに腕押し」だったこと、沈黙しか返ってこなかったこと、回避されたこと、黙殺されたこと、その事情と理由を、今になってやっと私は身をもって代償を支払って、正確に理解した。

③権力監視機能ないし番犬機能（watchdog function）を再定義する必要がある。その機能はこれまでメディアが権力を監視するという機能と解されてきた。しかし、メディアそのものが日本「マスコミ」のように権力と化した場所においては、権力監視機能とは、政治的権力（議会、政府、裁判所、政党など）、経済的権力（大企業、経済団体、労働組合など）、社会的権力（宗教団体、組織暴力、大学、学会など）、メディア権力（既成メディア、日本「マスコミ」）などの諸権力の作用と活動を監視する機能と定義されなければならない。すなわちメディア権力が監視されるべき対象として付け加えられるのである。日本「マスコミ」は権力を監視する側に立つ主体であると僭称《せんしょう》してきたが、客観的には、つまり科学的観察によれば、日本「マスコミ」は権力として監視される客体の側へと移動されるのだ。したがって、監視対象は政治的・経済的・社会的権力およびメディア権力である。では、何がその再定義されたあとの権力監視を受け持ち、遂行するのか。もちろん、それは既成メディアではない。その遂行主体はこれまで通り、市民社会の中に潜在する可能性としての能力、可能な権能（コンペテンシー）である。そして、その潜在能力が市民社会アクターとして具体的な組織形態をとって現れた、アソシエーションであり、NGOである。こうして、市民社会の潜在能力は新しいアソシエーションを繰り返し生み出し、組織形態の更新を図っていくのである。

④以上の帰結を受けて、では、制度論の研究者として（私はそれをやめた訳ではない）、日本「マスコミ」に対す

る今後の態度にはどのような選択肢が残されているだろうか。これが最後に問われる帰結である。三つの選択肢を挙げ、若干のコメントを加えておこう。

(a)日本「マスコミ」をこれまで同様、ジャーナリズムの価値観から観察し批判し続ける。

それはおそらく続けられていくだろうし、それを続けていく人々もいるだろう。日本「マスコミ」が偽装を続けていく上で、そのような「批判」は日本「マスコミ」からも適度に必要とされていくだろう。それは大石泰彦氏の「問題提起」の中の言葉を援用すれば、「制震装置」として機能するからである。大石氏は、日本「マスコミ」が日本の権力機構に組み込まれた「制震装置」である、あるいは「体制の中の、ある種のほど良い『うるさ方』の役割」を果たしている存在だと指摘している。[16]「言い得て妙」とはまさにこのことである。それと同様のことだが、ある種の「メディア批判」や「告発」は日本「マスコミ」というメディア権力に組み込まれた「制震装置」と言えるのではないだろうか。

メディア権力のシステム・オペレーションの中において、そのような「苦言」が日本「マスコミ」への「思い込みと思い入れ」に基づいているが故に、逆説的だが、その種の「苦言」はシステムの補完と延命の役割を果たしてしまう、あるいは果たさせられてしまうという状況がある。つまり、客観的に見て、この「制震装置」の機能とは何かと言えば、幻想の再生産なのである。

もう少し解説しよう。日本「マスコミ」を批判しているようでいて、実はそのような批判が日本「マスコミ」はジャーナリズムであるという前提に立って行われているがゆえに、日本「マスコミ」の好きな虚構と擬制を振りまく役割を引き受けているのである。そのことをジョブとして自覚してやっている人もいるかもしれないが、おそらく大部分の人々は無自覚的にやっているのではないかと思われる。中には売れる「言説商品」として生産している人もいるだろう。「商品」には消費する者たちが存在するから値段がついて、再生産へと結びつく。それだけではない。そのような幻想言説の生産はおおむねメディア業界誌や紙面で行われている。それを委託している日本「マスコミ」の方では、原稿料や印税や講演謝金などのコストをシステム運用上の必要経費として落としているのである。

そのような「制震装置」を内蔵し、稼働させながら、日本「マスコミ」は「メディアの公共性」「ジャーナリズム」「国民の知る権利を守る」「権力チェック」などの飾り言葉の看板を掲げ続けるだろうし、降ろすことはないだろう。なぜか。それらが読者や視聴者に対してアピールする商品価値の一部だと、曖昧な自己欺瞞の中で信じているからだ。あるいは、実際にそれらを実践するつもりはないにもかかわらず、読者や視聴者の手前、信じているふりを続けなければならないからだ。いや、何よりもまず倒錯した自己満足をマッサージし続けるために欠かせないからだ。しかし、大方の人々は、それら「ケ」の姿が日本「マスコミ」の粉飾であることを曖昧にであれ、あるいは明晰にであれ、知っている。(17) ただし、そのことで日本「マスコミ」に怒っているのではなく、ほとんど何も期待していないのだ。日本「マスコミ」にお金を払っている人々は、ジャーナリズムのためにではなく、何か別の理由で払っているのである。日本「マスコミ」がそのことに知らないふりをして、なおジャーナリズムについて語るのは、一編のファルスでしかない。

(b)日本「マスコミ」をジャーナリズムの価値観からではなく、別の価値基準から評価する。

つまり、日本「マスコミ」の偽装に付き合って、日本「マスコミ」をジャーナリズムの価値観から評価するという虚構をやめて、別の価値を基準として評価する。例えば、行政広報機能、統治補助機能、政治プロパガンダ機能、商品広告宣伝機能、娯楽消費提供機能、生活情報提供機能、余暇時間充足機能などの視点から評価するもので、権力装置の部分システムとしてのオペレーションの性能をチェックする研究として権力システムから必要とされるだろう。研究費も出るだろう。それらの機能はマスメディアが情報伝達システムとして持つ道具的な諸機能である。そして、日本「マスコミ」が国民国家の統治機構の内部で、また資本主義の市場機構の内部で、相対的に自立したサブシステムとして実際に受け持っている、同時に受け持たされている機能である。メディア研究や社会学は、それぞれの研究者の立ち位置はいざ知らず、それらの機能に関心を払い、研究対象とするであろう。このとき初めてニコラス・ルーマンの理論は役に立つ。しかし、ジャーナリズム研究というものはそうではない。そこに、メディアをテーマとしてメディアについて語ることと、ジャーナリズムをテーマとしてジャーナリズムについて語ることとの違いがある。問題意識とフィールドと研究方法がまったく違うのである。メディア研究なのにジャーナリズム研究を僭称するのはよくない。無用の混乱を振り撒き、かの幻想に生息スペースを与えることにしかならないからである。

(c)日本「マスコミ」に抱いた幻想(イリュージョン)から決別し、「お別れです」と告げる。

以上三つの選択肢の中で、私にとって(a)はあり得ない。これほどまでに明らかな擬似環境に付き合っている時間はない。そんな出来レースは、ただlangweilichな(退屈な)だけだ。(b)には関心がない。私に関心があるのはジャーナリズムの価値であり、権力監視の使命であり、公共圏設営という社会的機能だからである。私は(c)の道を行く。日本「マスコミ」には、かつて私の制度論を鍛えるにあたって架空の胸を貸してくれたことに、ただ感謝しよう。「Thank you for your silence!　さよならのかわりに」

＊注

(1) 大石泰彦「問題提起――『取材の自由』のない国で、いま起きていること――」本書、9〜50頁。

(2) 「公共圏論」の諸論文は、『花田達朗ジャーナリズムコレクション・第3巻　公共圏――市民社会再定義のために――』彩流社、２０１９年、に収録されている。

(3) 早稲田大学ジャーナリズム研究所設立記念シンポジウム基調講演（２０１５年7月4日）。以下に収録。花田達朗「『ジパング』の権力とジャーナリズム―ガラパゴスからロドスへ―」『花田達朗ジャーナリズムコレクション・第2巻　ジャーナリズムの実践〜主体・活動と倫理・教育　2（2011〜２０１７年）』彩流社、２０１８年、２３０〜２３９頁。

(4) Lippmann, Walter, 1922, *Public Opinion*, New York: Harcourt, Brace and Co.（＝１９８７年、掛川トミ子訳『世論（上）』岩波文庫、29頁。）

(5) 藤田博司「新聞民主化運動」『エンサイクロペディア現代ジャーナリズム』（早稲田大学ジャーナリズム教育研究所編）、早稲田大学出版部、２０１３年、7〜9頁を参照されたい。

(6) 花田達朗「編集権声明」『エンサイクロペディア現代ジャーナリズム』、74〜76頁を参照されたい。

(7) 藤田博司「記者クラブ制度」『エンサイクロペディア現代ジャーナリズム』、１８０頁。

(8) 前掲書、１８０頁。

(9) 藤田博司「7社共同宣言」『エンサイクロペディア現代ジャーナリズム』、12〜14頁。

(10) 個人加盟の産業労働組合や職能団体がどういうものかについては次を参照されたい。花田達朗「ドイツにおけるメディア産業労働組合の結成とその背景――対抗公共圏構築の試み――」『花田達朗ジャーナリズムコレクション・第1巻　ジャーナリズムの実践〜主体・活動と倫理・教育　1（１９９４〜２０１０年）』彩流社、２０１８年、26〜55頁。

(11) 花田達朗「メディア制度の閉塞と倫理の召喚―新しい倫理ニーズの登場か―」、前掲書、94頁および１０６〜１０８頁。

(12) Orwell, George, 1949, *NINETEEN EIGHTY-FOUR*, London: Secker & Warburg（＝２００９年、高橋和久訳『一九八四年〔新訳版〕』早川書房、56〜57頁。）

(13) 前掲書、３３１頁。

(14) その最後となったのが２０１５年3月に出版したもので、花田達朗「組織ジャーナリズムはどう変わるべきか」『いいがかり――原発「吉田調書」記事取り消し事件と朝日新聞の迷走――』（編集委員会＋鎌田慧・花田達朗・森まゆみ編）、七つ森書館、２０１５年、３１２〜３２

1頁。注(3)の前掲書、194~219頁に収録。この改革提案はもはや何の熱意も、何の期待もなく、醒めきった気分で書いたことを思い出す。原発「吉田調書」記事取り消し事件は筆者の状況認識に決定的な影響を与え、筆者はそれを切っ掛けにして頭の中で大きく舵を切り、方向転換した。

(15) その過程の中で書いた諸論考は、注(10)の前掲書に収録されている。

(16) 大石泰彦、注(1)の前掲論文、24頁。

(17) 日本「マスコミ」は自己満足という病理を呈しているという私の診断に対して、それは主観的な印象ではないかという異論を唱える人々がいるであろう。そこでセカンドオピニオンとして補強材料を提示しておきたい。ロイター・ジャーナリズム研究所(Reuters Institute for the Study of Journalism)が「デジタル・ニューズ・レポート 2019」(Digital News Report 2019)という調査報告書をネット上に無料で公開している。この報告書は「38市場(38カ国)の7万5000人以上を対象にした調査をベースにしている。その(量的)調査を世界のニュース消費について最も総合的で、継続的な比較研究とするために、質的な調査の結果もそこに加えている」(5頁)というものである。つまりニューズの受け手(オーディエンス)の意向調査である。その中に目を引く、興味深いデータがある。

そのデータは、第2章第2節「人々はニューズメディアについてどう考えているか」の中に置かれている「ニューズメディアの権力監視の役割」(The News Media's Watchdog Role)という項目(53~54頁)で登場する。調査者は「ニューズメディアは権力を持つ人間や企業を監視し、綿密に調べ上げる、というステートメントにあなたはどの程度同意しますか」という質問を用意した。ウォッチドッグ、すなわち権力監視の役割について聞いているわけである。それに賛同したのは日本では17%である。それは全市場(対象38カ国)の中で最下位である。報告書の本文では「特に日本では、ほとんどのニュースがオフィシャル・ラインから外れることは滅多にないので、プレスは政府に近すぎると見なされている」と記述されている。

調査者は、このデータを別のデータと重ね合わせた。「私たちは権力監視についてのオーディエンスの評価という私たちのデータと、ウォッチドッグであることの重要性を各国のジャーナリスト自身がどのように評価していているかという2016 Worlds of Journalism Studyに報告されているデータを比較した」(53頁)。ジャーナリストへの問いは「あなたの仕事の中で政治的リーダーを監視することはどれくらい重要ですか」であって、日本では91%である。その両方のデータを重ねたのが、ここに引用した図表「オーディエンスとジャーナリストがニューズメディアの権力監視について同意する割合——12カ国を選択」である。

さて、この図表から何が読み取れるだろうか。日本ではニューズメディアが権力監視をしていると考えるオーディエンス(メディアの受け手)の割合は対象国の中で最も少ない。つまり権力監視を最もしていないと見られているわけである。他方ジャーナリストが権力監視は重要だと考えている割合は対象国の中で最も多い。一方は最小の値、他方は最多の値であり、極端に違っていて、その間の落差は最大である。最も乖離が小さいのはドイツで、数字にほとんど差がない。英国も差は大きくない。

一つ注意すべきは、ジャーナリストへの問いは権力監視の重要性の認識について聞いているのであって、権力監視をやっているかという実態

図表：オーディエンスとジャーナリストがニューズメディアの権力監視について同意する割合
～12カ国を選択～

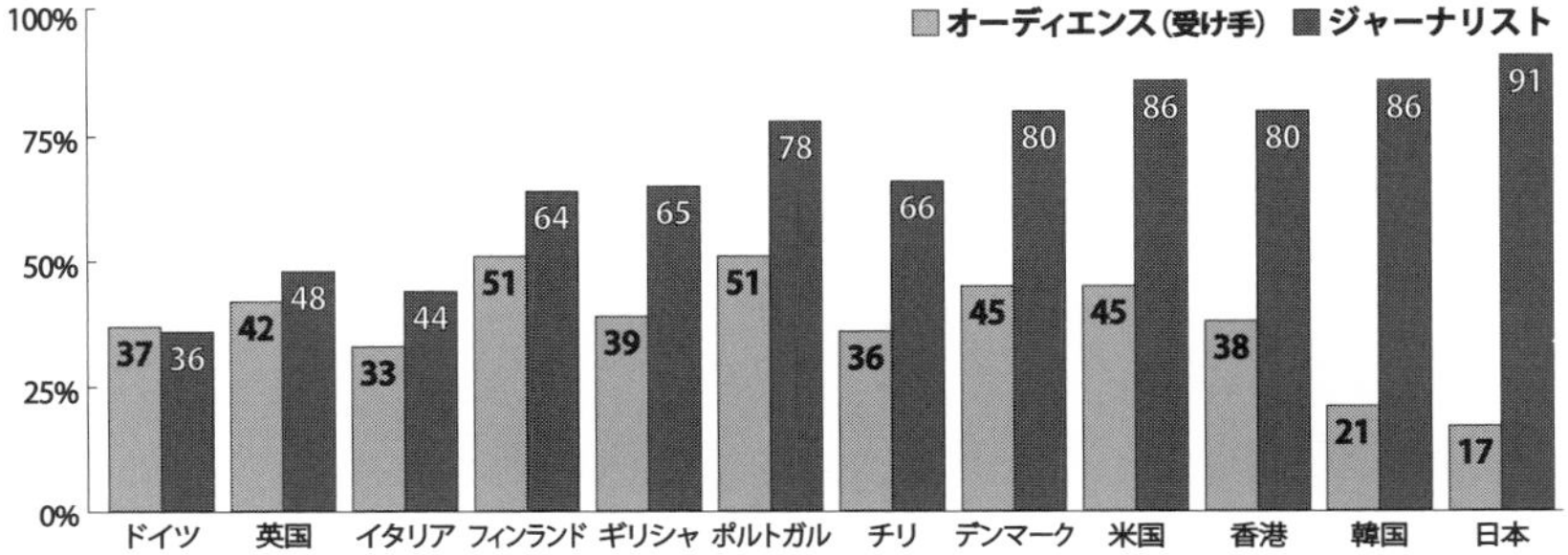

質問15-2019-1. ニューズメディアは権力を持つ人間や企業を監視し、綿密に調べ上げる、というステートメントにあなたはどの程度同意しますか。各国ごとのサンプル数＝2000。注：ジャーナリストの意見のデータは2016 Worlds of Journalism Studyから取られた。質問は、あなたの仕事の中で政治的リーダーを監視し、綿密に調べ上げることはどれくらい重要ですか。

出典：Reuters Institute for the Study of Journalism, Digital News Report 2019, P. 54.

について聞いているわけではないということである。つまりオーディエンスの数字は実態への評価であり、ジャーナリストの数字は規範への認識ということになる。

その上で、では、この大きなギャップはどう解釈できるだろうか。とりわけ、「日本ではプレスは政府に近すぎると見られている」という評価と、権力監視は極めて重要だという日本のジャーナリストの認識とは著しく矛盾しているように見えるけれども、どのようにして両立するのだろうか。いろいろな可能性があるだろう。

① 権力監視とはジャーナリズムの規範であるが、日本のジャーナリスト（本稿で言えば、日本「マスコミ」の社員記者）はその規範内容を正しく理解していないのではないか。あるいは無知なのではないか。記者クラブでの記者会見、番記者、夜討ち朝駆け、箱乗り、酒宴やゴルフなどの仕事をウォッチドッグと誤解しているのではないか。その上で、それらの仕事は重要であると認識しているのではないか。もしもそうなら、ジャーナリズムの規範教育の欠如の結果だと言えるだろう。そういう教育を受けられる国と受けられない国がある。

② いや、権力監視とはどういうことか、そしてその重要性は頭ではわかっている。しかし、実際にそれを実行することは臆病でできない、ということではないか。権力監視をやっているかどうか、その現実についてジャーナリストがどう自己評価しているかというデータがないのが残念である。

③ いや、臆病なのではない。権力監視は高く掲げる旗であり、最重要課題であるし、実際にも権力監視を十分にやっていると考えているのではないか。もしもそうなら、やるべきこととやっていることを混同していて、その混同を自分たちに許しているということになるだろう。そこから自己満足が生まれる。やるべきことをやっていないのにやっていると思い込んで、それで満足する。その規範と実態の混同、看板と現実の混同という矛盾を許容し可能にするのが、つまり矛盾を矛盾として知覚しないことを可能にするのが、本稿で引用

したジョージ・オーウェル『一九八四年』の〈二重思考〉にほかならない。

以上の三つの可能性のうち、私はどれを採るか。③である。このデータが示す大きな乖離そのものが「自己満足」の現象を説明していると、私は考える。〈二重思考〉は言うだろう。「権力監視は権力同化なり」「言論の自由は言論の放棄なり」「無知は力なり」

Digital News Report 2019のURLは次の通り。https://reutersinstitute.politics.ox.ac.uk/sites/default/files/inline-files/DNR_2019_FINAL.pdf

第2部

ジャーナリストという不幸

——非在の職業を生きる悲惨と栄光

I 記者が総社畜化した時代

佐藤光展

1．記者クラブが諸悪の根源か？

だらしのない国産ジャーナリズムの諸悪の根源は、記者クラブ制度なのだという。本当だろうか。記者クラブ批判は今に始まったことではない。私が大学生の時、何もやりたいことがなかったので「いい加減な人が多そうな新聞記者にでもなっておこう」と思い、面接間際に読み飛ばした数冊のジャーナリズム本の著者たちも、記者クラブを痛烈に批判していた。もう28年も前のことだ。その後もジャーナリズム論を語る研究者たちは、相も変わらぬ記者クラブ批判を続けている。

それで何か変わったのだろうか。日本のジャーナリズムの質は向上したのだろうか。否。質は間違いなく低下している。大マスコミからの天下り研究者たちが行う批判など、何の役にも立たなかったのだ。なぜなら、彼らの記者クラブ批判はジャーナリズム批判ごっこであり、ジャーナリズムを真剣に考えているフリに過ぎず、飯の種に過ぎなかったからだ。この国ではジャーナリズム研究者たちも、ろくな仕事をしてこなかった。

記者クラブという名の仲良しクラブが、大本営発表を垂れ流し続ける国産ジャーナリズムのレベルの低さを象徴しているのは間違いない。しかし、記者クラブがあるから日本のジャーナリズムは劣化したのかといえば、そうではない。そもそも、排他性と横並び意識に満ち満ちた島国住民の典型が記者になり続けてきたから、昼寝もできる安住の地を作り、そこに居ついたのだ。記者クラブは結果に過ぎない。

記者クラブに易々と適応していく記者たちは「弱者を泣かせて私腹を肥やす連中に一泡吹かせる」というジャーナリズム魂など、そもそも持ち合わせていない。「子供のころから成績が良くて、一番難しい学部を受けたらいつの間にか医者になっちゃいました」みたいな調子で、筆記試験が得意なだけの記者たちが量産されてきた。

しかし、記者になった以上はカッコいいジャーナリストを演じたいと密かに思っている。だから、力のある相手が弱り切ったのを見定めると、急に偉そうな態度で追及を始める。

「協調性」や「人柄」はともかく、「大学名」と「成績の良さ」で新人を大雑把に採用していた時代はまだよかった。突き抜けた個性を秘めた人たちも面接で弾かれず、大新聞などのマスコミに潜り込むことができた。このような人々が、今であれば発達障害のレッテルを貼られそうな妙な執着やこだわりの強さを発揮して、日本のジャーナリズムに局所的な輝きをもたらしてきた。

このような記者たちは、そもそも変わり者で記者クラブには寄りつかないから、そんな制度があろうとなかろうと関係ないのだ。私は新聞記者生活25年で、記者クラブ詰めになったことは一度もない。「定期的に結果さえ出せば、どこで何しようが大きなお世話だ」と憎まれ口をたたき、それが受け入れられていた。協調性欠如者までも包み込む寛容さが、大新聞にはあった。新聞はまだ部数が伸びていた時代で、景気が良かったことが幸いした。

2. コンプライアンスの末路

近年のジャーナリズムの著しい劣化の背景には、絶望的な未来予測がある。新聞の部数がまだまだ減り続けることは自明の理だ。それでも、インターネットにうまく移行できれば記者職は延命できるが、課金の仕組みが確立していないので、お先真っ暗な状況に変わりはない。

どうしようもない絶望感が、新聞社内の寛容さを萎《しぼ》ませていった。「コンプライアンス」という名の錦の御旗が掲げられ、社員の管理と社畜化が一気に進んだ。右へならえができない社員の居場所は狭められていった。

私がいた読売新聞社では、記者たちに社有スマホを貸し出すようになった。2014年あたりに強制的に持たされたと記憶している。この強制押し付けスマホは、GPSを作動させないと使えない仕組みになっている。「スマホを落とした時に発見しやすい」というのが会社の説明だが、今記者がどこにいるのか、会社はたちどころに把握できるようになった。取材源の秘匿もなにもあったものではない。

私が辞める直前の2017年になると、仕事関連のメールなどは、このスマホでしか見られなくなった。自分のスマホに転送したり、自分のスマホで閲覧したりすることができなくなったのだ。こうなると、休日も社有スマホを持ち歩かなければならない。米国などでは、性犯罪常習者にGPS装置を取り付けて監視するようだが、強制押し付けGPSスマホも似たようなものだ。持ち歩きを拒否したり、電源を切りっぱなしにしたりしていると、私のように「不良社員」とみなされる。

こうした過剰な管理に何の疑問も抱かず、あっさり受け入れる連中しか、この大新聞では記者を続けられなくなってしまった。長い物に易々と巻かれる社畜記者たちに、権力に食ってかかる胆力などあるはずがない。

3.「昔はよかった……」

「昔はよかった」。こんな言葉を吐くようになったら終わりだと自分でも思うが、本当に昔はよかったのだ。

私は神戸新聞での取材経験を経て、2000年から読売新聞東京本社で働いた。2003年から早期退職した2018年までは、医療部で仕事をした。読売の看板部であり、社内外の評価は高かった。医者がまだ偉そうにしていた時代に「患者と医者は対等である」と明確に打ち出した。医療部が担当する記事は、医者も必ず「さん」付けにした。

様々な医療問題に切り込み、怒った製薬会社が広告企画から降りたこともある。それでも医療部は動じなかった。「読者、患者のために記事を書いているんだ」という気概があった。

私の経験を一つ紹介しよう。2013年の暮れ、塩野義(シオノギ)製薬がうつ病関連のテレビCMを盛んに流し始めた。「うつの痛み」とやらをしきりに強調にしている。身体の痛みはうつ病の症状かもしれないので、精神科を受診しようと誘う内容だった。

明らかにおかしい。うつ病の診断基準に、身体の痛みは含まれていない。慢性的な身体の痛みで、うつ的になる人は多いが、それはうつ病ではない。痛いから元気が出ないだけだ。

このようなCMは、既に社会問題になっていたうつ病の過剰診断をさらに増やすことにつながる。日本うつ病学会の当時の理事長に感想を聞くと「あれはおかしいですね。塩野義は慢性疼痛にも効く抗うつ薬を売っているから、シェアを伸ばしたいのでしょう」と言った。だが「いろいろな関係があるので、学会としての抗議はしない」という腰抜けぶりだった。放置はできないので、新聞で記事を書くことにした。

初報は2014年2月1日に掲載した。塩野義製薬は当初、「うつの痛み」には根拠となる論文があるとしていた。ところが調べていくうちに、この論文は、塩野義製薬から多額の金銭を受けている精神科医が、塩野義製薬が行った杜撰なインターネット調査をもとに作成したことが分かった。まさに自作自演だったのだ。

私は続報を書いた。読売の医療サイトで続けていた私のコラムにも関連記事を掲載した。まもなく、このCMの放送は終わった。

実は初報が載る少し前、塩野義製薬が「うつの痛み」に関する全面広告を読売新聞に出していた。しかし、記事掲載には影響しなかった。当時の編集責任者たちは「広告局には苦情が来るよな」と苦笑しながら記事を載せた。「編集と広告は別」という大原則が、まだギリギリのところで生きていた。

だがこの直後から、読売新聞社のジャーナリズム魂は急速に失われていった。部数の減少幅が拡大し、読者の購読料よりも広告料頼みの傾向が強まった時期と重なる。経済部の友人から「部会に広告局が参加するようになった」と聞いたのもこの頃だ。

4.「誤報」問題のダメージ

この時期に「誤報」問題が相次いだことも、ジャーナリズムの劣化や保守化に拍車をかけた。読売新聞社では、2012年10月11日に掲載した科学部の記事「iPS心筋を移植」が、研究者の虚偽に基づく明らかな誤報と分かり、編集局長らが処分を受ける事態となった。朝日新聞社は2014年、慰安婦の吉田証言や原発の吉田調書報道の問題で「反日」のレッテルを貼られ、揺れに揺れた。

読売新聞社は2014年12月、社内に適正報道委員会を設置した。一面などに独材記事を出す場合、その前に複数の編集幹部が、取材した記者から取材の経緯や取材方法などを直接聞き取り、掲載の可否や文章表現などを検討するチェック組織だ。

この組織が機能すれば、とんでもない嘘つきに騙された妄想スクープ記事をそのまま載せるような赤っ恥は防げるかもしれない。だが、ほとんどの記者はそんな嘘に騙されはしない。私は25年の記者生活で、敵は数多く作ったし、嘘つきに何度も出会ったが、訂正は一度も出していない。

取材相手の名や取材資料まで全て曝け出さなければならない事前チェックは、記者クラブに安住せずに独材を追い、丹念な取材を慎重に積み重ねるタイプの記者にとっては、余計な負担にしかならない。確たる証拠を入手しているのに「もう1人から同じ証拠を入手しろ」などと難癖をつけられて、やる気を失っていく。社員を信用しない会社で、まともな仕事はできない。

「適正報道」とは本来、隠された不正を暴き出し、社会を良くするために行われる報道を指すのではないだろうか。ところが、延命策しか頭にない終末期の新聞社では「間違えないこと」が「適正報道」となる。その結果「適正報道＝事を荒立てない無難な報道」となり、会社にとっての安心、安全を最大化するため「適正報道＝権力にすり寄る報道」へと変質していく。

2017年5月22日、読売新聞が行った前川喜平氏の「出会い系バー」報道は、この会社のジャーナリズムがすでに朽ち果てていることを社会に示した。この記事は適正報道委員会を通していなかったようだ。時の権力者にすり寄った安心、安全な「適正」記事だったので、通すまでもなかったのだろう。

5. 社畜たちの忖度

このような会社で最も深刻なのは、上からの直接的な圧力よりも、社畜たちの忖度だ。私の経験をもう一つお伝えしよう。

2015年の夏以降、私は聖マリアンナ医科大学病院（川崎市）の臨床研究不正について取材を進めた。同病院の神経精神科が行った統合失調症治療薬の研究は何から何までインチキで、目も当てられないほどだった。興味のある方は、拙著『なぜ、日本の精神医療は暴走するのか』（講談社）をお読みいただきたい。

聖マリアンナ医大も問題を深刻に受け止めて、2015年暮れ、研究を中止する方針を固めた。このタイミングで、私は新聞記事を作成した。完全な独材だった。

当然、適正報道委員会のチェック対象になる。必要な資料は用意した。しかし、取材協力者の身元や取材の経緯を、洗いざらい晒すつもりはなかった。取材源の秘匿は記者の大原則だ。「取材源は絶対に守れ。上司にも話さなくていい」と、私は駆け出しの頃に教えられた。守るべき情報は、聞かれても答えずに突っぱねるつもりだった。

このような私の考えを以前から知っていた医療部の上司たちは、私が独材を出すと知ると慌て始めた。「中止を正式決定して発表してからでいいんじゃないの」「聖マリは前にも不正があったから、ニュース価値はあまりないんじゃないの」などと、記者とは思えない呆れた発言を重ねた。結局、記事はボツになった。

彼らは、私が適正報道委員会でごねたり、キレたりすることを恐れたのだ。そんなことをされたら、自分たちが管理責任を問われると思ったのだろう。あきれ返った私は、読売の医療サイトで担当していたコラムで、この独材を勝手に放った。社内では無視されたが、このネット記事は国会でも取り上げられ、第三者を入れた調査委員会による徹底調査を経て、聖マリの謝罪と再発防止策提示に繋がった。

読者や患者のために戦って来た医療部も、妙な人事が繰り返されるうちに、根性なしの社畜ばかりになってしまった。製薬会社主催のセミナーに行き、紹介された医者の話だけで平気で記事を作る。無難過ぎる記事や、広告と変わらないような記事ばかりが紙面を埋め、読者からますます見放されていく。

6．若者たちへ……

さて、これからジャーナリストを目指す若者たちは、どうしたらいいのだろうか。止めろとは言わない。一つ伝えたいのは「頭でっかちになるな」ということだ。

「ジャーナリズム論」を格好つけて語る暇があるなら、劣化しきった新聞社に飛び込んでみるといい。大恐竜が絶滅していく様を腹の中で観察するのは刺激的な体験になるだろう。もちろん、脱出ルートの確保は欠かせないが。

ジャーナリストに必要なのは、目を輝かせて人の話を聞ける感性や、人の痛みを我がことのように受け止める共感力だ。しかし、感情に振り回され過ぎてはいけない。騙されない慎重さや、圧力に屈しない強いメンタルも必要だ。何があろうと、いつでもどこでもしっかり眠れる図太さも役に立つ。

近未来のジャーナリストは、人工知能では太刀打ちできない記事を書いていかなければならない。そのような時代だからこそ、人間力が何よりの武器になる。

隠された真実に迫る旅は、山あり谷あり海あり砂漠ありの大冒険だ。人跡未踏で危険があふれている。それでも、なんだかワクワクして一歩踏み出したい衝動に駆られるのならば、君には適性がある。ジャーナリストを目指して欲しい。

有識者や有名人から、田舎のおじちゃん、おばちゃんまで、さまざまな取材相手に学ばせてもらいながら成長する。こんな贅沢な仕事はない。

Ⅱ 人材マネジメントの改革なくして未来はない

辻和洋

1．「調査報道」への意識の低さ

2018年、ある日本のマスメディアに外国人記者が視察に訪れ、編集局長が今後の展望についてこう話をするのを聞いた。「AIにはできない独自の視点で内容の深い記事を出していくことが重要だと思っています。調査報道に力を入れていきたい」。すると、外国人記者は「そのためにはどのようなことをしていくべきですか」と尋ねた。編集局長は答えに窮し、「それは、各人の努力でやっていくしかないですね……」と答えた。

デジタルメディアが興隆期を迎え、ニュース専門のWebメディアはもちろん、企業やNPOが独自で運営する「オウンドメディア」と言われる情報発信サイトなどが次々と現れている。また、SNS上では「インフルエンサー」と呼ばれる個人が現れ、一つひとつ発言が影響力を持つようになった。ほとんどの人のポケットにはカメラ付きのスマホがあり、簡単に情報が発信できる。事件や火災が起これば、警察や消防が認知するよりも、目撃者がSNSで発信するほうが早いことも少なくない。AIがSNSの情報を解析して、事故発生の情報提供をするサービスも生まれている。今や「一億総ジャーナリスト時代」とも言える。

こうした時代の潮流の中で、マスメディアの優位性とは何か。冒頭の編集局長によれば、「独自の視点で内容の深い記事」が書けるということだろうか。マスメディアは常に権力の側にいて、夜討ち朝駆けで逐一情報を入手する環境が整っている。長年かけて積み上げてきた取材体制は、現在のところ新興メディアでは太刀打ちできないほど充実している。確かにその中で、権力監視に資する調査報道をはじめ、蓄積した情報から独自の視点で書ける記事もあるだろう。しかし、それは「各人の努力」に委ねられているという。果たして、それで強みとなりうるのだろうか。

富樫ら(1)(2008)はNHK記者385人に質問紙調査を行い、「調査報道を積極的にやっていますか」と尋ねたところ、65%の記者が「やっていない」と回答している。自由回答記述には、「身近に調査報道をしている先輩の姿を見たことがない」、「要領が悪い」といった技能の問題、「1つのテーマにこだわりたいが、記者の数や取材の量、取材の途中でどんどん担当が替わることなどを考えると難しい」といった組織体制の問題などが挙げられている。やや古いデータで、一団体の記者を対象としている調査ではあるものの、調査報道に対する記者個人の意識と職場環境を考える上では、示唆的である。

2. 記者育成の不備

大学卒業後、全国紙に入社した私は、新人記者として警察署の担当になった。一度だけ先輩記者に副署長のもとへ連れて行ってもらい、挨拶をした。そこからは、一人で右も左もわからず、記者クラブにいる他社の先輩記者の背後につきながら、見よう見まねで取材をした。取材した内容をデスクに伝えれば、「もう一回、聞き直してこい」と叱責された。事件が発生すれば、捜査関係者の自宅や現場に張り付き、他社の記者の気配が消えるまで、夜通し待った。デスクに怒られながら、先輩たちを観察して学んだ。一人で試行錯誤を繰り返し、気がつけばそれなりに記事が書けるようになっていた。ほとんどが「自己流」による学習である。

一人前になれば、矢継ぎ早に仕事が振られる。企画モノ、会社主催のイベントモノ、告知記事取材、自社の独自調査の「手配」、事件・事故の発表取材、突発的な発生事案での現場出動、タレコミ取材など、ありとあらゆる仕事が、それぞれの担当デスクから依頼される。一記者が抱えているすべての仕事量を把握している上司はいない。

このように、記者としての技能を高めたり、深い記事を書くための取材をしたりするには、個人の努力だけではかなり厳しい環境的、時間的制約がある。調査報道が書けるのは、よほど個人が意識的に取り組むか、運が良いかである。本当にマスメディアは、調査報道を推進しているのだろうかと疑いたくなる。

むしろ、組織的なしがらみによって阻害されることが少なくない。記者は取材活動で割り当てられた領域について知っているのは自分のみである一方で、組織の一員だからこそ仕事ができ、紙面に記事を載せる権利と義務を持つ（苅谷、1995）[2]。「組織内専門職」と呼ばれることもある。つまり、マスメディアの記者は、自律性の高い職業である反面、組織人でもある。コーンハウザー[3]（1962）は、こうした職種の特徴として、組織に由来する責任権限と専門職から生まれる責任権限の潜在的な緊張関係のなかで葛藤が生まれると指摘している。すなわち、本来、自律性を志向する専門職は、ある程度の自律性を犠牲にして、組織の規則に同調しなければならなくなる（佐藤、1972）[4]。その中で常に葛藤を抱えながら仕事をしている。

山下[5]（1996）は、日本型ジャーナリズムの特徴として、権威・権力（政治権力、行政権力、経済権力、文化権力）への従順性、所属する集団へのジャーナリストの強い忠誠心・集団主義的意識などを挙げている。様々な記者らの声を聞く。「職場には上意下達文化があり、上司の顔色をうかがって行動していた記者は周囲から影で『ポチ』と呼ばれていた」。「組織内では出世争い、権力争いがささやかれ、上司からの評価を下げないよう保身に走る記者がいる」。「誤報や訴訟案件といったリスクの高い調査報道は上司につぶされる」。こうした声は、マスメディアの組織全体を語るものではないものの、ジャーナリズムの精神性から離れた文脈で力学が働いているというのも事実である。

3．歴史と制度

そもそも日本の報道機関は、市民のためというよりも体制寄りに位置づいて来た歴史がある。日本に新聞が誕生したのは幕末期の1800年代である。鎖国状態を解放し、文明開化を進めた新政府樹立の混乱期には、政府を批判する新聞は即刻廃止され、政府に従順な編集者にしか出版の特権は与えられなかった。この期間、調査報道の起源となるような報道文化はほぼ見当たらない。明治期になっても、政府は政党新聞の言論活動を厳しく取り締まり、発行停止や弾圧を加え、廃刊に追い込んだこともあった。昭和期には、政府と主要新聞社が協力して東京、大阪を除く全ての道府県を一紙に限定する「一県一紙政策」を推し進めた。政府は公的情報の流れを強く操作できるようになり、有力全国紙は新聞市場で競合を減らしたことで部数を伸ばすことができた。第二次世界大戦中の「大本営発表」による報道では、新聞社がプロパカンダに加担した。

日本において調査報道という言葉が初めて出て来たのは1960年代であり、1972年のアメリカでの「ウォーターゲート事件」報道の影響でようやく活発化した。つまり、権力監視や調査報道の文化というのは、新聞社の歴史に比べれば、それほど長い間、組織の中に根付いて来たわけではない。

また、本書において大石教授が問題提起しているように、いまだに取材の自由がさほど確保されていない日本で、マスメディアが権力との折り合いの中でしか報道をし得ないということであれば、調査報道はおろか、批判精神を含意するジャーナリズム活動すらもままならない。

4. 人材育成の改革

冒頭の編集局長の発言のように、マスメディアが今後、独自の視点で深い内容の記事や調査報道を発信し、ジャーナリズムの使命を果たしていくというのであれば、それらの報道を個々人の努力による偶然の産物としない組織戦略が求められるであろう。ここでは具体的な方法として2点提示したい。

1点目は、人材育成のあり方である。マスメディアの人材育成はオン・ザ・ジョブトレーニング（ＯＪＴ）が中心とよく言われる。日本では欧米のようにジャーナリズム大学院などで一定の知識や技能を培ってからメディアに勤めるというキャリアパスとは異なり、ほとんどがジャーナリズムの歴史、意義、機能を学んでいない新卒一括採用で入社した記者で構成され、実務経験の中で学んでいくことが主流になっている。すなわち、マスメディアが知識も技能も持っていない社員を意識的に優秀な記者へと育てていかねばならない。近年、各社は研修期間を長期化させ、記者倫理や実践的なスキルを習得させようという狙いがあるようだが、まだまだ実践現場で育てるという意識のほうが強い。

ＯＪＴとは、上司が部下に対して仕事を通じて計画的に必要な知識、技能、問題解決能力、および態度について教育訓練を行うこと（青木[6]、１９６５）である。松尾[7]（２０１８）は、ＯＪＴのプロセスを7つのステップに分けている。①指導の土台づくり、②目標設定、③計画立案、④計画の実行、⑤トラブルへの対処、⑥評価、⑦学びの抽出である。これらのステップは、アメリカの組織行動学者、デイビッド・コルブが提唱した「経験学習サイクル」が背景にある。経験学習とは、「仕事の経験をした後、その経験をきちんと振り返り、うまくいったこと、うまくいかなかったことを内省し、そこから教訓を導き出し、新しい仕事に適応することで深い学びを得るもの」（松尾、２０１８）である。人は成長するために、経験、内省、概念化、実践というサイクルを回していかねばならない。

人材を育成するには、この経験学習サイクルをうまく回せるように支援することが極めて重要である。松尾（２０１８）は、必要な指導行動として、目標のストレッチ、進捗確認と相談、内省支援とポジティブフィードバックを挙げている。中原[8]（２０１２）は約２３００人のビジネスパーソンを対象に職場において若手・中堅社員たちが能力形成時にどのような支援を受けているかについて分析した。その結果、上司による仕事のあり方を客観的に振り返らせる「内省支援」、精神的な安息を提供する「精神支援」が能力形成に影響を与えていることが実証的に明らかになった。

このようにOJTは、戦略的な仕組みと支援体制が構築されて初めて機能する。単に現場に放り込んで試行錯誤させることだけがOJTではない。「各人が努力」する環境を整備していくことが求められる。

5. マネジメントの改革

2点目は、マネジメントのあり方である。マスメディアは、自組織のことを「職種のデパート」と言うことがある。販売、広告、編集など多様な職種があるためである。記者の中でも、情報を取るのに長けている人や文章を書くのに長けている人など、個人によって特性が異なる。こうした様々な能力を持った人材がいるため、それを発揮できる職場と結び、生かせる環境をつくることが求められる。しかし、部署の縦割りによって、組織内の人材に関する情報が把握できず、適材適所で生かしきれないということがよく起こる。マネジメントがうまく機能していなければ、たとえ記者らが能力を持っていたとしても、実力を発揮できない。

タレントマネジメントという考え方が参考になる。タレントマネジメントとは、社員が持つタレント（才能・技術・経験・業績・資格）などの情報を一元管理し、組織横断的に戦略的な人事配置や人材開発を行うことである。大野[9]（2015）は、タレントマネジメントの実践において、4つのフェーズを提示している。①設計、②活用、③開発、④運用である。設計では、どのような人材をどこに配置するのが望ましいのか、外部環境や会社の方向性に合わせて設計していくことが重要である。活用では、タレントを活用できる職場に配置しながら、会社と個人の目線からマネジメントを進め、適切に評価する仕組みが必要になる。開発では、意図的に新たな能力を開発できる仕事や役割、研修などの機会を提供することが大切である。運用では、現状を把握し、人材にどういう変化があるのかを見極めて新たな活用方法を模索しながら進めていくことがポイントとなる。

このように、独自の視点で内容の深い記事を書くことを目標に据えるならば、その視点から人材を生かせる組織的な仕組みづくりが欠かせない。当然、速報的な報道をすることも必要であるし、政府などの発表報道も捨てるわけにはいかない。それぞれの報道内容に適性のある人材を見極め、配置し、評価する。そういった多様な人材が認められる風土づくりも合わせて醸成していかねばならない。

権力に加担したくて仕事をしているという記者はほとんどいない。むしろ、何かしらの志を持って働いている人が多い。しかし、そうは言っても、いったん組織の中に入ってしまえば、組織の規範、慣習、価値観に適応し、初めは葛藤を抱いていたことも、知らぬ間にすっかりと組織に染まりきってしまう。気がつけば、権力に都合のいい記事しか書いていなかったということになりかねない。

デジタル化に向けた改革がより一層盛んになる時代に、コンテンツの競争優位性にも目を向けられ始めている。質の高い記事を発信するには、当然それを生み出すための人材育成やマネジメントなど「人」にまつわる改革なくして実現はない。調査報道として最も有名なウォーターゲート事件報道を展開した当時のワシントンポスト紙の経営者、キャサリン・グラハム(10)は「政権担当者と報道関係者とは、もともと敵対しつつ仕事を進めていくのが本来的な関係」という言葉を残している。こうした精神性に根ざした権力監視のジャーナリズムは、日本ではまだまだ発展途上の段階にある。

＊注

(1) 富樫豊・小俣一平「取材現場で何が起きているのか〈下〉2007年NHK記者、カメラマンアンケート調査結果から」放送研究と調査、58巻3号、2008年、2~27頁。
(2) 荊谷寿夫「組織内準専門職のキャリア研究――新聞記者の場合――」六甲台論集、42巻2号、1995年、61~75頁。
(3) W. Kornhauser, 1962, Scientist in industry. Berkeley, CA：University of California Press.
(4) 佐藤厚『プロフェッショナルの仕事と管理に関する調査研究――R／D 技術者・番組制作者・記者――』日本労働研究機構、1994年。
(5) 山下國誥『日本型ジャーナリズム』九州大学出版会、1996年。
(6) 青木武一『企業内教育訓練の方法』ダイヤモンド社、1965年。
(7) 松尾睦『部下を成長させる指導術　OJT完全マニュアル』ダイヤモンド社、2018年。
(8) 中原淳『経営学習論　人材育成を科学する』東京大学出版会、2014年。
(9) 大野順也『タレントマネジメント概論　人と組織を活性化させる人材マネジメント施策』ダイヤモンド社、2015年。
(10) キャサリン・グラハム著、小野善邦約『わが人生』ティビーエスブリタニカ、1997年。

Ⅲ 「男磨き」の「マスコミ」を離脱、ワセダクロニクルの創刊へ

木村英昭

1．車内で見つけた広告

渋谷から地下鉄銀座線に乗った。２０１９年3月13日の夕刻だった。椅子に腰掛けて吊り棚に目を向けた。広告（写真）に目がとまった。

「独身限定」「会費はスポーツクラブ並み」。独身の人をターゲットにした新しいフィットネスクラブかと思った。がしかし、そうではないことがわかった。「パートナー探し」とあり、「男磨き」とあるので、ああ、独身の男性

向けの出会い系の企業広告か、と得心した。今時、直球ど真ん中に豪速球を投げ込む斬新な広告だなあと思った。どれどれ、どこの会社なんだろうと目を凝らすと「朝日新聞」とあった。ああ、40歳以上の中高年のパートナー探しをする「ミーティングテラス」[1]か。ここまでくると新聞を売っている会社かなんだか、もうわからないなあ。

とはいえ、そんな斜に構えた感想で止まっているわけにはいかない。その広告から読み取ったのは、朝日新聞社がやっているので信用してください、変なことはありませんよ、というメッセージだ。実際、「ミーティングテラス」の公式ホームページのトップ画面には「朝日新聞社主催の安心・安全なサービス」と謳っている。[2] 今や朝日新聞社を含めた「マスコミ」に対する信頼（Trust）がどれほどあるかわからないが、そのようなメッセージを読み取った。ジャーナリズムという価値が、企業体の事業収益を促すアイコンで使われていることを示す広告といえるだろう。日本の「マスコミ」はジャーナリズム活動そのものから収益をあげられない構造になっている。誰でも閲覧できる有価証券報告書を公表している朝日新聞社と毎日新聞社のそれを分析した結果、そのような傾向が把握できる。[3]

2. 「マスコミ」を離脱

そんな私が「マスコミ」とおさらばしたのは、２０１６年8月末だ。当時、東京本社の選挙事務局に異動になった私は無聊をかこっていた。

なぜか。２０１４年5月20日に紙面化した原発「吉田調書」報道が、同年9月11日に突然開催された記者会見で「読者に誤った印象を与えた」という理由で取り消された。取材班の中心メンバーだった私たちには、何の説明もないまま記事は突然取り消され、あまつさえ、その記者会見の冒頭部分で、書面を読み上げる木村伊量社長（当時）が「関係者を厳しく処罰する」と宣言したのだった。え？　不利益人事になるにも関わらず、反論の機会や人事部からの聴取も与えられていないのだが……。もう「処罰」が決まっているの？　その宣言通り、私は減給処分を受けた。同じ取材班だった宮崎知己さん（現在、月刊誌『ＦＡＣＴＡ』編集人）と一緒に、朝日新聞組合に異議を申し立てたので、実際の処分日は遅れた。記事の取り消しを不服として、朝日新聞社が「第三者機関」だと呼称する「報道と人権委員会」（ＰＲＣ）にも申し立てたが、却下された。審理もされない門前払いだ。反論の機会を当事者に与えることもなく、社長会見の線で、どんどんレールが敷かれていった。

「マスコミ」の中では、ＴＢＳの「報道特集」キャスター、金平茂紀さんが書籍『いいがかり』の中で朝日新聞社の姿勢を批判したが、「マスコミ」所属の現役記者たちのほとんどは出来上がった大きな流れに組するか、沈黙した。「吉田調書」を読みもしないで、朝日新聞の発表の線で批判を口にする者さえいた（いつも当局発表を旨としているので当局が発表したものは前提として「正しい」と受け止める癖が付いているのだろう）。記事の正当性については、紙幅の関係でここでは詳しく記述できないが、刊行物としては『誤報じゃないのになぜ取り消したの？――

―原発「吉田調書」報道をめぐる朝日新聞の矛盾』『朝日新聞「吉田調書報道」は誤報ではない――隠された原発情報との闘い』などに詳しい。また、私が編集幹事を務めるワセダクロニクルでも、「葬られた原発報道」という検証シリーズを開始している。

ただ、今から思い返せば、総体として、こうした「マスコミ」記者の振る舞いは当たり前と言っては当たり前なのだろう。「ジャーナリストの連帯」といったものに、当時の私も幻想を持っていたのかもしれない。

3．韓国訪問

そうした幻想を打ち砕く契機になったのは、2015年8月の韓国訪問だった。そしてこれがのちにワセダクロニクルの創刊へとつながっていく。ソウルに行く機会があり、せっかくだから、韓国の新メディアを視察しようということになった。同僚だった渡辺周（現在、ワセダクロニクル編集長）も誘い、計3人で訪韓した。27日に「時事ＩＮ」、翌28日に「ニュース打破（タパ）」を訪問した。「時事ＩＮ」では創刊時の編集局長ムン・ジョンウさん、「ニュース打破」では編集長のキム・ヨンジンさんと会った。

ムンさんの説明によれば、「時事ＩＮ」は現在では韓国国内最大の発行部数を持つ週刊誌になっているが、元々は「時事ジャーナル」（1989年創刊）を飛び出した記者たちが2007年に創刊した。前年の2006年6月に起こった事件が創刊の契機になった。サムソン幹部への批判的記事を会社が編集局長や記者にも知らせずに印刷の段階で削除してしまったのだ。労使間で取り決めていた「編集と経営の分離」を破る事態だった。当時、トップは「朝鮮中央日報」の韓国「マスコミ」出身だった。ムンさんは「サムスンは最大の広告主ですから」と当時を振り返った。サムソンへの広告依存率は当時約7％あったというが、紙媒体の広告収入は減少していた。サムソンとの関係を改善するために、社長に朝鮮中央日報出身者を迎え入れていた。記事を削ったことに対して会社側は「何が悪いのか」と抗弁した。「サムソンから記事を削れという圧力があったのか、それとも忖度したのか」と私たちが尋ねると、ムンさんは「社長自身がやりすぎたのかしれませんね」といった。「企業としては安いコストで影響を保持するもっとも安いやり方がメディアに広告を出すことです」

日本でも、朝日新聞社が慰安婦の検証記事で謝罪しなかった同社の姿勢を批判する池上彰氏のコラムを不掲載にする事件を起こしたが[4]、まあ、日本でも韓国でも、同じようなことがあったというわけだ。

経営サイドはそういうことをするものである。だから「編集と経営の分離」ということがいわれる。経営は編集に介入し、そして、その危険性があるので、だからわざわざ「編集と経営の分離」をしましょう、ということになる。しかし、そもそも、「マスコミ」の業界団体である日本新聞協会は経営が編集に介入することを正当化する権利、「編集権[5]」を宣言しているので、日本の「マスコミ」では「編集と経営の分離」は制度として存在しないし、現場の記者からはその「編集権」を廃止しようという動きはないので、経営の介入を「マスコミ」の記者は許容しているといえる。この日本の「編集権」を韓国の「マスコミ」は輸入したので、編集と経営の建て付けは日本の「マスコミ」も韓国の「マスコミ」も同じだ[6]。

しかし、ここからが、日韓で道が二つに別れる。

「時事ジャーナル」の労働組合はすぐに抗議のストを打った。職場をロックアウトした。創刊以来初めてのストだったそうだ。会社側は「公正な報道の自由」「編集の独立」を求めることはストの対象にならないとして、組合側を訴え激しく対抗した。当時従業員の代表だったムンさんは経営側と記者側で話し合いを持とうとしたが、「結局それは到底不可能だと判断した」と悟る。「経営側からは二度と『編集の独立』や広告のことについて記者側から抵抗がないようにといわれた。5人程度の記者のクビを切る意思を持っていた」。懲戒処分を受けたのは記者24人に上った。

ムンさんらはストの6ヶ月後の12月に集団で辞表を出した。ストに参加した22人と非正社員6人が新しいメディア『時事ＩＮ』の立ち上げに参加し、２００７年9月25日に創刊される。ムンさんは当時をこう振り返った。

「私たちの中でも新しいメディアを立ち上げるのは不可能だという話はありました。韓国には解職された記者の歴史があります。メディア民主化運動をした先輩からも、『私たちもやってみたができない。やめろ。5人がクビになるのを条件に復帰しろ』といわれました。しかし、読者会の『時事網』（『時事』を愛する会）から希望を得たんです。『時事ジャーナル』を読んで育った若者たち（『時事』キッズ）から力を得た。その人たちがネット上で私たちを支える猛烈な活動をしてくれました。ストを打っているとき、食事の差し入れもしてくれたのは読者です。支援のコンサートも開いてくれました。『時事ジャーナル』側から名誉毀損だと訴訟も起こされた読者もいました。彼らは、『時事ジャーナル』は私たちが支持していたから存在できた、その私たちが（新しいメディアの創刊を）支持しているのに、何がいけないんだ、と。数百人の読者が熱心に支援の活動をしてくれました」

ムンさんは創刊に向けて金策に走り回ったそうだ。「お金のありそうなところは全部行きましたよ」。今では発行部数で『時事ジャーナル』を抜き、韓国最大のニュース週刊誌に育った。

私も渡辺もムンさんの話に聞き入った。新しいメディアの創刊の背後に、ジャーナリズムを守ろうというジャーナリスト（会社の職位名としての「記者」ではなく）の闘いとそれを支える市民の存在を知ることになった。こういう話は想定していなかった。話を聞きながら、「吉田調書」記事取り消し事件と重ねて考えてしまった。唯々諾々とした会社員としての姿勢を沈黙をもって堅持し、あるいは自ら攻撃の担い手として立ち現れた日本の「マスコミ」の会社員記者がとっても安っぽく感じられたことを鮮明に覚えている。と同時に、たぶんそうした「マスコミ」の生態は決して変わらないし、そうか、だったら新しいメディアを作っちゃえばいいんだ、と妙に確信めいたことも感じた。これは渡辺もそう思ったと思う。実際、彼は朝日新聞労連主催のシンポジウムや社員総会で「吉田調書」記事を取り消した朝日新聞社の姿勢を鮮明に批判していた。良心的な市民の中には「朝日新聞が最後の砦だから、守らないといけない」という人がいるが、ムンさんの話を聞いていると、市民から支持されないメディアは無くなったほうが有益だ。広告や不動産ではなく市民が自ら支えるメディアが創刊されるほうが、よっぽど日本のジャーナリズムに健全さを取り戻せるし、市民にとっても有益ではないかとも思った。結局、朝日新聞も産経新聞も通底する部分にそう違いはないと思う。外に向けては、やれ報道機関だの、やれジャーナリズムなどと市民をケムに巻くのでなかなか外からは正体がわかりにくいというだけである。

その感想は翌日、「ニュース打破」のキム・ヨンジンさんと会って確信に変わる。2012年に設立された「ニュース打破」は、イ・ミョンバク、パク・クネ両政権下で弾圧され、解雇されたり、左遷させられたりしたジャーナリストがつくった。キムさんも公共放送KBSの探査報道部門の責任者を務めていたが、突然、釜山支局に異動になった。2018年に日本でも公開された記録映画『共犯者たち』で創刊に至る権力の弾圧とそれに対抗したジャーナリストの闘いは多くの人に知られることになったことだろう。

キムさんたちはもともと「ニュース打破」を創刊しようと思っていたわけではない。イ・ミョンバク大統領が再選する大統領選で相手候補へのネガティブキャンペーンのSNSを大統領府の職員が発信していたことを暴露することで市民の支持が集まった。キムさんは「やめようにもやめられなくなった」「いい報道をするごとに支援者も増えていった」といった。今では月額約1000円の会員約4万人が支える。「いい報道をすれば、カネはついてくる」。キムさんから背を押された。ちなみに、ワセダクロニクルは創刊の約半年後に、ニュース打破と協力の覚書きを結んだ。縁とは不思議なものである。

4．ワセダクロニクル創刊

結局、この訪韓が起爆剤になり、私たちは早稲田大学ジャーナリズム研究所（花田達朗所長、当時）を舞台にして新しいメディアの創刊に向けて大きく動き出すことになる。

訪韓後、渡辺が一足早い２０１６年3月末に退職した。私は人事異動で、経済部への異動を内示されたが、もう朝日新聞社には期待するものはなかった。私は同年8月末に朝日新聞社をやめる。そして、翌２０１７年２月１日、ワセダクロニクルは創刊に漕ぎ着けた。ワセダクロニクルが創刊の契機になったのは「吉田調書」記事取り消し事件に対する「マスコミ」体制やそのシステム、価値観への否定と拒絶があったことは疑いはない。そして、韓国でのジャーナリストとの出会いが創刊の背を押した。

私は２０１８年に、「吉田調書」記事取り消しのデタラメさを明らかにするために名誉毀損で朝日新聞社を提訴した。提訴して良かったのは、朝日新聞社がどのような考えで記事を取り消していったのかが、被告の主張を通して次第に明らかになってきていることだ。池上コラム不掲載事件を契機に、急転直下、記事取り消しに旋回していく過程も公にできている。文末に東京地裁に提出した時系列表を掲載しておく。今後、実態を暴露する上で、貴重な資料が集まりつつある。

結局、「マスコミ」は、本書の編者である大石泰彦が問題提起で指摘しているように、権力の統治機構のアクターであるということである。しかしながら、この姿は非常にわかりにくい。何故ならば、「マスコミ」は「政治の批判をしたり、問題点を指摘したりもしている」（24頁）からだ。だから良心的な市民が「頑張れ」「負けるな」とエールを送ったりもする。しかし、そうしてしまう理由は、大石が指摘しているように「体制の中の、ある種のほど良い『うるさ方』の役割をメディアが果たしている」。「そういうものが存在しているほうが、結局のところ、体制は安定するからです。頭から押さえつけて、御用メディア一本になってしまうと、それはそれで社会は不安定になる。だからわざと揺らすわけです。つまり制震装置です」（24頁）という構造を見逃しているからである。

たまたま、私たちは日本の外に出て、たまたま、「時事ＩＮ」や「ニュース打破」の人たちに出会うことで、たまたま、日本の「マスコミ」を観察する道具を手に入れた。

掃き溜めの中に鶴はいるけれども、だからとって鶴を守るために掃き溜めをそのままにしておくことはできない。本末転倒だ。鶴は掃き溜めから飛び立ち、清い田で羽を休めなければならない。しかしその鶴も目を凝らしてみれば鷺であるかもしれない。しかし住めば都で掃き溜めを長く利用していると居心地もよったりもすることだろうが、掃き溜めの土壌は痩せ細るばかりだ。

今、広告収入の落ち込みで、「マスコミ」の経営は悲鳴をあげている。しかし、痩せ細ってきたからこそ、「マスコミ」の正体が観察できるようになってきた。冒頭紹介したように、ジャーナリズム活動からでは収益をあげられないので、出会い系ビジネスを新たに立ち上げ、あられもない広告を地下鉄に張り出す姿こそが、本来の「マスコミ」の生態なのだろう。

ジャーナリズムは豊かな市民社会を創造する。ジャーナリズムは必要だ。ただ、「ジャーナリズム＝『マスコミ』」という定式を疑うことから始めませんか？　その根拠なき神話は崩壊している。あとはこのことに気づくだけだ。「マスコミ」の呪縛から解き放たれよう。あなたが、誰を支援するのか、その見極めを迫られる時にきているのだから。

＊注

(1) この事業は朝日新聞社のメディアラボという新しい部署から誕生した。「本社および朝日新聞グループの事業刷新による成長をめざすため、新たなメディア創造を含む新商品・新事業の開発、新市場の開拓に取り組みます」と2013年6月に誕生した。出典：朝日新聞社社長室管理本部「【管理本部】メディアラボで社内公募を実施します」朝日新聞社、2013年5月29日。

(2) 朝日新聞社「ミーティングテラス」公式ホームページ（2019年4月19日取得、https://meetingterrace.jp/?utm_source=google&utm_medium=cpc&utm_campaign=ga）。

(3) 詳しくは拙稿「日本のワセダクロニクル──『マスコミ』業界の擬態から離脱して、ジャーナリズムNGOへ」（花田達朗他『探査ジャーナリズム／調査報道 アジアで台頭する非営利ニュース組織』彩流社、2018年）を参照のこと。

(4) 当時社長の木村伊量氏は2018年2月号の『文藝春秋』で、池上コラムのゲラを読んだ時のことを「『読者の不信を買うようなら、ぼくは責任をとって社長を辞めることになるよ』と、かなり厳しい調子でコメントしたと記憶しています」と記載している。2014年9月11日の記者会見では木村伊量はコラムの不掲載には関与していない旨を強調していたので、この社長会見では嘘を発表していたことになる。

(5) 日本新聞協会の編集権声明（1948年3月16日）では「編集内容に対する最終的責任は経営、編集管理者に帰せられるものであるから、編集権を行使するものは経営管理者およびその委託を受けた編集管理者に限られる。新聞企業が法人組織の場合には取締役会、理事会などが経営管理者として編集権行使の主体となる」としている。戦後直後に発せられたこの声明は現在も有効である。

(6) 日韓の制度については、鄭寿泳「韓国探査ジャーナリズムセンター『ニュース打破』──『言論積弊の清算』と『民主的メディアシステムの構築』、その長い道のりを共に歩く」前掲『探査ジャーナリズム／調査報道 アジアで台頭する非営利ニュース組織』所収）が詳しい。

2014年	池上コラム不掲載事件関連の動き	「吉田調書」をめぐる動き
05月19日		朝日新聞デジタル版で「吉田調書」報道の予告編（プロローグ）を配信（18時）。取材班は、木村（原告）、宮﨑知己、堀内京子、関根慎一、鮫島浩（デスク）で構成されていた。 ＊デジタル版は現在も掲載中。
05月20日		朝日新聞朝刊で「吉田調書」報道（甲２）。
06月04日		10時30分から、鮫島デスク、岡本広報部長、菊池GM補佐が打ち合わせ。問題点を整理。「命令の存在」は問題ないとの見解を共有。
06月09日		朝日新聞社が、「吉田調書」記事を批判した『週刊ポスト』に抗議書を送る。６月10日付朝刊（２社２段）でも掲載。「報道機関としての朝日新聞社の名誉と信用を著しく毀損するとして厳重に抗議し、訂正と謝罪の記事の掲載を求める文書を送った」「記事は確かな取材に基づいており、『虚報』『誤報』との指摘は誤っている」と指摘。
06月29日		朝日新聞オピニオン面で紙面モニターの指摘に対し、市川特報部長が署名記事を掲載。「東日本大震災の時に東京電力福島第一原発所長だった吉田昌郎氏（故人）が政府事故調査・検証委員会の調べに答えた聴取結果書を入手し、朝日新聞と朝日新聞デジタルで報じたのが、『吉田調書』報道です。調書には当事者しか知り得ない重大な事実が詰まっていました。なかでも、吉田氏が福島第一の近辺に待機するよう命じたにもかかわらず、６５０人の所員が10キロ離れた第二原発に撤退していたことに私たちは注目しました。残った人たちだけで六つの原子炉と使用済み核燃料プールの状況を把握し、それを制御することが困難だったという事実があるからです。同時にこの記事は、電力会社員が職務のためにどこまで身を危険にさらすのか考えるきっかけとなりました。暴走する原発を目の当たりにした時、命を賭して立ち向かわなければいけないのか。それは何によって義務づけられているのか。従業員の配置はどうあるべきか。限られた人た

2014年	池上コラム不掲載事件関連の動き	「吉田調書」をめぐる動き
06月29日		ちを残すのか。それともローテーションを組み、線量管理も含めた危機管理態勢を敷くのか。もちろん、最後の最後に全員退避がなされた時、首都圏を含め日本列島がどれほど放射能で汚染されるのか。それによって日本社会が破滅的な影響を受ける可能性があることも考えないわけにはいきません。こうした課題への答えを探し出すために今後も深く取材していく決意です。」と述べる。
07月02日		7月4日付に総合面と特設面を使って「吉田調書」記事の詳報を計画。この日、中止の指示。福地、喜園、杉浦が決定。「理由は追って説明する」とされる。
07月03日		新聞協会賞の申請締め切り。「吉田調書」報道を企画部門に申請する。その後、新聞協会賞1次審査日である7月24日に向けて「吉田調書」の内容を詳報する紙面づくりを再検討するよう取材班に指示。
07月18日		鮫島デスクと取材班が打ち合わせ（15時）
07月25日		「吉田調書」報道、新聞協会賞1次審査で落選。取材班に対して、市川特別報道部長が、あわてなくてもいいので詳報紙面を再々度つくるよう指示。「吉田調書」報道の第2部の検討を開始。
07月31日		「吉田調書」報道の第2部の開始を決定。津波対策に焦点を当て取材を開始。
08月01日	この頃、杉浦と渡辺GEが慰安婦検証紙面で、記事を取り消して反省はするが、謝罪はしないと決める（西部本社説明会、杉浦）	
08月05日	慰安婦検証記事が掲載。〜6日。	
08月18日		産経新聞が「吉田調書」報道。「朝日」批判。
08月23日		日本テレビが「政府が吉田調書を来週にも公開へ」と報道。
08月24日		NHKが19時のニュースで「吉田調書を入手」と報道

2014年	池上コラム不掲載事件関連の動き	「吉田調書」をめぐる動き
08月25日		8月31日組みで総合面、特設面を使って詳報するよう指示。鮫島デスクが取材班に「杉浦さんは『強くいけ』『絶対に謝るな』と言っている」と発言。「吉田調書」の津波報道に関して、取材班で打ち合わせ。木村（原告）、宮崎記者、阿久津記者（特報）、川原記者（科学）、川田記者（科学）、佐々木科学医療部デスク、鮫島デスクで。紙面の大筋を決める（19時20分）
08月27日	ジャーナリストの池上彰から原稿が届く。午後、受け取る。関係役員にも回っていた。（西部本社説明会、杉浦）	
08月28日	池上コラムの組み込み予定日（東京本社説明会①・西部本社説明会、杉浦）。この段階で、社長、杉浦、喜園、福地の4人で話をした（西部、杉浦）。杉浦が、自分の部屋に渡辺GEと市村オピニオン編集長を呼び、「直接会って何らかの修正ができないか、話をしてくれないか」と言った（西部本社説明会、杉浦）。市村オピニオン編集部編集長は「このまま載せてもいいのではないか」という意見だったが、杉浦は、「直接本人に当たってみてほしい」と述べた。（大阪、杉浦）。池上が「翌日からロシアに出張なので[illegible]と朝日側に伝える（西部本社説明会、杉浦）。社員2人が池上に交渉をしにいく。9月4日に会ってくれる約束をした（西部本社説明会、市川）	一連の「吉田調書」記事を、来年度の会社案内に掲載するため、CSR推進部から、掲載用のゲラのPDFが取材班に送られる（14時55分）（甲21）。 ＊9月11日の社長会見の翌日、同推進部から「ゲラが万が一、外部に出ることがありませんよう、削除など、管理のほどをお願いいたします」との連絡が入る（18時59分）。 2014年の「吉田調書」記事取り消しに関連する被告新聞社内の動き（東京地裁提の原告準備書面から）
08月29日		鮫島デスクが取材班に対して、「31日組はなくなった。9月4日になった」と連絡。9月3日に新聞協会賞が決定されるため、その決定に影響が出ることを懸念して、決定前の掲載を見送ることになったと説明。
08月30日		読売新聞が吉田調書を報道。

2014年	池上コラム不掲載事件関連の動き	「吉田調書」をめぐる動き
08月31日		共同通信が吉田調書を報道。毎日が共同電を使って報道。
09月01日		特報部で着任者の歓迎会。遅れて参加した市川特報部長が「権力の狙いがわかった。特報部つぶしだ」と言い、席上、闘う決意表明をする。
09月02日	池上コラム掲載拒否事件が浮上。1日か2日に池上コラムを巡るやりとりが外部に漏れる（西部本社説明会、杉浦）。詳報を掲載することで反論を出そうと思っていたが、4日と5日は朝日に対する批判（池上コラム不掲載事件）が高まっていて編集は混乱していた（西部本社説明会、杉浦）	
09月03日		朝日新聞の「猪瀬都知事」報道に新聞協会賞授与決定。この日の深夜、市川特報部長から、「4日組みの詳報をとりやめ、検証に切り替える」と通告される。「検証」の意味は説明されず。
09月04日	池上コラムが掲載	14時。定例の特報部の部会。しかし、部員が集まらず流会に。木村（原告）が市川特報部長と、特報部がある部屋の円卓で話す。市川部長は、「とにかく（撤退した）650人の名誉回復を図らなければならない」「名誉毀損の訴訟リスクも想定される」旨の発話。「強く行け」との、それまでの社の方針とは正反対の発言を始める。
09月05日		12時34分。昼食中、市川特報部長から木村（原告）に電話。「検証紙面と11日当日の作業からは、鮫島、宮崎、木村（原告）の3人は外れた方がいいということになった」と通告される。
09月06日	朝日新聞、この日付朝刊で、池上問題を謝罪	
09月09日		09時11分。市川部長から木村（原告）の携帯に電話。「方針を決めるに当たって事情を聴きたい」。木村（原告）は15時から本社本館2階の広報応接室で初めての事情聴取を受ける。菊池功GM補佐（危機管理担当）、藤原泰子GM補佐。掲載に至る経緯を時系列で聴取。16：20終了。

2014年	池上コラム不掲載事件関連の動き	「吉田調書」をめぐる動き
09月10日		市川特報部長から、鮫島デスク、取材班の宮崎が経緯の説明を求められる。「不利益処分を前にした弁明の機会の付与か」との質問に対し、市川特報部長は「違う」と返信。
09月11日	木村社長は池上コラムの不掲載には関与していない旨を強調。編集担当役員だった杉浦氏も、杉浦氏の判断で不掲載を決めたと述べる。 ＊しかし、木村氏は2018年2月号の『文藝春秋』(甲6)で、池上コラムのゲラを読んだ時のことを「『読者の不信を買うようなら、ぼくは責任をとって社長を辞めることになるよ』と、かなり厳しい調子でコメントしたと記憶しています」と、2014年9月11日の記者会見における発言を否定する内容を記述している。	＊木村社長が19：30に謝罪会見。 ＊取材班の宮崎は19時過ぎから当日組み掲載予定の紙面について、市川特報部長から確認を求められる。社長会見が開始された以降も聴取は継続。掲載予定の記事の概要を知った宮崎は、市川特報部長に「こんなもの載せたら大変なことになりますよ」と告げる。木村(原告)は11時01分、市川特報部長から電話。2回目の事情聴取の要請。15時29分。本社本館2階の広報応接室で。市川特報部長、藤原泰子GM補佐。木村(原告)が市川特報部長に対して、「これはいったい何の場だ」と問い、議論になる。市川特報部長は「すまなかった。ついつい上司面が出てしまった」と謝罪。帰り際にも「今日はすみませんでした」と座ったまま両手を両膝に当てて、深々と頭を下げる。16：30頃終了。木村(原告)、宮崎とも社から記事の取り消しなどについて一切説明なし。
09月12日		朝日新聞が記事取り消しを掲載。
09月18日		12日紙面で談話を掲載された藤田博司(上智大学教授、元共同通信記者)が、早稲田大学ジャーナリズム研究所の花田達朗所長(教育・総合学術院教授)にメールを送る。「吉田調書の初報について私が『公正さに欠ける』と断定したような文章になっていることに第一の違和感」「社会部記者の取材を受けたのは会見の数時間前、社長がそのときすでに決定していたと思われる記事の取り消しなどの決定内容については、当方は知らされておらず、紙面で併用される予定の長文の検証記事の内容についても、検証記事が出ること自体も知らされてはいませんでした」「この報道を『誤報』と決めつけ

２０１４年	池上コラム不掲載事件関連の動き	「吉田調書」をめぐる動き
09月18日		たり、記事取り消しに相当するような過誤のあるものとは思っていません。したがって、社長会見での発表内容には反対です。記事の筆者らに対する処分の動きにも反対です」
10月06日		朝日新聞東京本社では社員向けの説明会開催。杉浦（元編集担当）は「私は、９月11日の記者会見で、吉田調書の報道を取り消し、社長が謝罪するという中で、編集担当の職を解かれました。しかし、私自身の中では、９月の冒頭にあった池上コラムの中で、まさに朝日新聞の名誉を傷つけたことが最も大きいと自分自身感じていました。そのときはすでに、吉田調書が新たな局面になっていた。私自身、吉田調書で解任されていますが、私の中では現在でも、池上コラムが最も重大な責任であったと感じています」。新編集担当の西村陽一は「池上コラム見合わせのことが圧倒的に大きいと思っている。幅広い意見を積極的に取り入れることが朝日新聞の強みだった。池上コラムのことが決定的に朝日新聞の信用を傷つけた」

参考：２０１４年の「吉田調書」記事取消しに関連する被告新聞社内の動き（東京地裁提出の原告準備書面から）

Ⅳ 竜宮城からの脱出

渡辺周

1. フェイク部数の衝撃

私は1994年、大学受験のための浪人生活で朝日新聞の販売所に住み込んだ。家計が苦しく、予備校代を出してくれる新聞奨学生制度を利用した。

場所は横浜市緑区。朝夕刊を配った。担当区域の部数は朝刊で350部ほどだ。

必要部数ピッタリを持って配達に出るのだが、足らなくなる時があった。間違って、購読者ではない人の家に入れてしまうことがあるからだ。その場合は販売店に戻り余っている新聞を取りに行く。

ところが、販売店にも新聞が余っていないということがあった。仕方がないので、その時は最寄りの駅まで新聞を買いに行き、自分の配達先に新聞を入れた。

あれから25年。朝日新聞の販売部数に関する内部資料を目にする機会があった。

資料によると、実際には配っていない「残紙」が2割以上あり、近い将来3割になる可能性があるという。私が担当していた区域でいうと、70部から１０５部余るということだ。駅まで買いに行っていた頃とは隔世の感がある。

新聞社は広告収入も大きな財源だ。広告料金は部数が多いと高くなる。配らない新聞を刷るのは、部数を多く見せかけることで、広告料金を高く維持するためだ。

フェイクニュースを批判する新聞社の部数が「フェイク」なのだ。広告を出すスポンサーに本当の部数を伝えず、料金を取っているのなら詐欺でもある。

2. メッキがはげただけ

この25年間の新聞社の凋落はすさまじいが、私は新聞社の本質が変わったのではなく、本質を覆っていたメッキがはがれただけだと思う。

全国紙で数百万部という世界に類を見ないような巨大部数も、ジャーナリズムの使命を新聞社が果たしていることへの見返りではない。単に販売力が支えていたのではないだろうか。

これも新聞配達をしていたときの話だ。私たち販売店員は、サービスの洗剤を届けたり、引っ越しのトラックを見かけたらいち早く住人に接触したりと部数を伸ばすのに必死だった。1部獲得することがどんなに大変だったか。読者獲得のキャンペーン期間中には、専門の業者が担当区域に入ってきてコワモテの男性が押し売り同然の営業をしていた。

だが、そうやって営業活動をしている販売店員たちは、自分たちの商品である新聞に興味がない。中身もほとんど読んでいない。

ジャーナリズムとは無縁の世界での営業活動で、新聞社が誇る部数は支えられていたのだ。

3．読者に届く前に「祝杯」

記者はメッキの上に胡座をかいてきた。恥ずかしながら自身の経験も踏まえ、そう思う。

例えば、朝刊でスクープが1面に載るような場合は、締め切りが過ぎたら編集部内で酒盛りをした。新聞社の朝刊の最終締め切りは午前1時40分ごろ。まだ読者には届いていない時間帯だ。読者の反応はわからない。それでも酒盛りをしているのは、「朝日新聞の中での陣地取り」で1面を獲得したことを祝っているに過ぎない。読者を大切に思っているのなら、地方版であっても反響があることに醍醐味を感じるはずだ。どの面に載せるかは手段に過ぎない。1面であっても反響がなければ、意味がない。私たちは、観客のいないスタジアムで野球をして「俺たち野球うまいよね」と盛り上がっていたようなものだった。

取材の過程でもメッキに頼ってきた。

記者クラブの部屋は役所の中にあって、様々な便宜を受ける。役所は納税者のものであって、特定の社にだけ使わせるということに納得を得られることはないだろう。国会内や議員会館、省庁も、各社に割り当てられたバッヂを持っていれば自由に出入りできる。

ハイヤーにも頻繁に乗る。黒塗りの車に社長や役員ではなく、一線の記者が乗っている姿は異様だろう。ニューヨークタイムズの東京支局は朝日新聞と同じビルに入っているのだが、東京支局に赴任してきた人は、配車場から次々に乗り込む朝日の若い記者を見て「朝日のエグゼクティブは随分若いのだなあ」と勘違いしたという。

日本の新聞社やテレビ局の記者には様々な特権が与えられる。世の中の多くの人は、記者が当たり前のように特権を与えられていることに冷ややかだ。記者はそのことに鈍感で、いつまでも海の底の「竜宮城」で楽しんできた。

問題は、そうした「特権」を記者たちに与えてきたのは誰なのかということだ。おとぎ話の「浦島太郎」では、助けられた亀が恩返しに浦島太郎を背中に乗せて竜宮城まで連れていった。マスコミの記者たちを竜宮城まで案内したのは誰なのか。

その答えは、74年前に出ていた。

4．特攻隊員の学生が見抜いていたこと

1945年5月11日、慶応大学経済学部の学生だった上原良司さんは、特攻隊員として沖縄の米軍機動部隊に突入して戦死した。22歳だった。

上原さんは戦死する3ヶ月前の1945年2月7日、絶望的な戦争に駆り立てた「権力主義者」について手記

を残している。

「無知な大衆をだまし、敢て戦争によって自己の地位をますます固くせんとした。勿論、それは国民の犠牲においてであるが」

「かくて彼等は、ジャーナリズムを以て、あくまでも国民の眼をあざむかんと努めたるも、自然の力にはその前に頭を下げざるを得なくなりつつある」

上原さんは、政府や軍部の権力者たちが、ジャーナリズムを使って国民を騙そうとしたことを見抜いていた。当時の新聞社は満州事変以来の戦争報道で部数を伸ばし、大新聞へと成長していった。しかもその際の戦争報道とは、政府や軍部に都合の良い「大本営発表」をいち早く正確に伝え、国民を騙すことだった。権力者たちは、「国民を騙してくれた恩」に報いて、新聞社を部数拡大という「龍宮城」まで案内してくれたのだ。

5. 足場

数百万の命を犠牲にしながら、戦後も竜宮城は健在だった。

「ここは権力者が用意した竜宮城ではないか」と疑問を持ったことは、私が2000年に朝日新聞に入社してから年月を負うごとに多くなった。

役所の記者クラブは典型的だった。役所内に常駐する部屋が用意され、大臣や知事の会見は出入り自由で、資料もひっきりなしに提供される。だが手取り足取りのサービスがあるようで、肝心なことは記者に知らせない。情報公開法に基づき開示請求すると、記者クラブでは出てこなかったような文書が公開されることがあるが、それは法的な義務さえ役所は記者クラブで果たしていないということだ。

私は記者クラブがある持ち場の担当になるのが嫌で、次第に「調査報道」を手がけたいと思うようになった。調査報道は、記者クラブにいて当局の発表を右から左に流すのではなく、独自の取材で事実を掘り起こす。明日わかることをいち早く報道する競争を同業者とするのではなく、権力者が隠蔽している事実を暴く。ワセダクロニクルでは、単なる「調査」よりも深い取材だという意味で「探査」という言葉を使っている。

しかし、私が「調査報道をしたい」と上司や先輩に伝えるたびにこう返ってきた。

「省庁や警察の記者クラブを経験して、そこでしっかり足場を築いてからでないと調査報道なんてできないぞ」

「足場を築く」とは、記者クラブに所属することで役人たちと人脈を築き、その省庁が担当する分野に精通するという意味だ。

だがこの考え方には反対だ。その省庁に詳しくなることと、その省庁が担当する分野に精通することとは違う。例えば、「事件記者」と「警察記者」は違う。事件記者は警察だけではなく、当事者を含めた様々な関係者を取材し事件の背景と再発を防ぐにはどうしたらいいかを問う。刑が確定し、犯罪者が服役したならその人物が社会で更生できるかまでを追う。だか警察記者は、警察がどういう捜査をするかに焦点を当てる。容疑者逮捕が取材のピークだ。

記者クラブで「足場」を築かなくても深い取材はできる。手法については省略するが、当局の中に情報網を築くことはできる。

大切なことは、記者クラブにいて当局の情報を分けてもらうことではなく、当局が持っていない情報を自ら取ってきて照合することだ。記者クラブで「足場を築く」という発想自体、当局の手のひらで踊らされることにつながる危険性がある。

6. 脱出の時

竜宮城からの脱出を決意したのは、2015年のことだ。

私が所属した朝日新聞の特別報道部は、記者クラブに頼らず調査報道で勝負しようと試みていた。だが前年、特報部発の「原発吉田調書報道」が取り消される事件がおきて試みは失敗した。会社は萎縮し「当たり障りのある記事」は出なくなった。私が手がけた製薬会社と医師の癒着に関するキャンペーンも2015年4月に初報を出したものの、中止になった。

「原発吉田調書」や「製薬会社と医師」の報道が潰されたことは、朝日新聞の一部の幹部のせいではなく、むしろ構造的な問題だった。例えば吉田調書報道が取り消された時、市民や弁護士が「不当で全く理解できない取り消しだ」と声が上がり、朝日新聞に申し入れ書まで出した。

しかし同業他社の記者たちは、ほとんどが口をつぐんだ。当事者である朝日新聞でさえ、役員による社内説明会で私が追及すると、後から上司に「あまり追及しない方がいい」と忠告された。あの説明会は、社内のホールで開かれ興味津々の社員たちで満杯になったが、質問するのは数人だった。

古今東西、組織の幹部が保身に走るのはよくあることだ。しかし、現場の人間から異を唱える声が非常に弱かった。政治権力や大企業と対峙しなければならないジャーナリストが、自分が所属する組織内ですら声を上げられないのだ。竜宮城の居心地の良さにすっかり骨抜きにされてしまっていた。

「このままでは浦島太郎になってしまう」。私は朝日新聞を辞めることにした。

7．ワセクロ「五つの約束」

朝日新聞を辞め、吉田調査報道の筆者で特報部の先輩だった木村英昭さんたちとワセダクロニクルを立ち上げることにした。ワセクロで「探査報道」をやろうと決めた。

探査報道は、訴訟リスクがある上、お金と時間がかかる。いつ記事が出せるかの見通しもなかなか立たない。数年間取材しても結果が出ないこともザラにある。経済性がなく、財政基盤が大きいマスコミでさえ手を引いている。一文無し同然の状態から始めるワセクロが手がけるのは無謀かもしれない。

しかし、その無謀ともいえることに挑んで成功させない限り、日本のジャーナリズムの状況に対する市民の不信感は払拭できないと思う。甘い汁を吸う権力の一員ではなく、権力を監視するプロが求められているのだ。

私は以下の5点をワセクロの社会に対する約束として掲げた。

(1)「旬のニュースを消費せず、事態が変わるまで報道します」

ワセダクロニクルは、大きな力に虐げられている人のため事態を動かすことを目指しています。読者や視聴者の興味に合わせて、次へ移るということはしません。個人的なスキャンダルは、読者や視聴者の興味を集めたとしても取り上げません。

取り上げるテーマは、犠牲者を救うために何を変えたらいいのかという視点で選びます。着手したら、事態が変わるまで粘りづよく報道を続けます。

（2）「手間暇かけます」

隠された事実を発掘するため、手間を惜しみません。「買われた記事」の初報は取材の本格着手から10ヶ月、「強制不妊」は8ヶ月かかっています。製薬マネーデータベースの作業時間は延べ3000時間です。近く発信する予定のテーマの中には、2年前から取材を重ねているものもあります。

記者クラブに所属して官庁などの情報のパイを奪い合い、いずれ分かることをいち早く報道する。このような競争には、ワセダクロニクルは加わりません。圧倒的な取材量で官庁や企業を上回る情報を入手し、私たちが報道しなければ明るみに出ない事実を発掘します。

（3）「最高水準の技術で臨みます」

私たちには警察のような捜査権があるわけではありません。新聞社やテレビ局のような資金力もありません。隠された事実を発掘するには技術が必要です。これまでの経験に決して安住せず、世界最高水準の取材技術を吸収し続けます。

ワセダクロニクルは、65カ国155の独立・非営利ニュース組織が加盟するGlobal Investigative Journalism Network（GIJN）の公式メンバーです。GIJNのメンバーは、互いの取材技術を常に学び合っています。

世界大会は2年に1度開かれ、2019年9月はドイツに一堂が集いました。ワセダクロニクルからも10人が参加しました。ジャーナリストが殺害される国など様々な過酷な環境で仕事をする中で培った取材技術は、目を見張るものがありました。GIJNの同僚たちとの連帯を生かして技術を向上させます。

（4）「顔色をうかがわず、全力でぶつかります」

新聞社やテレビ局は会社組織です。組織を守るために官庁や大企業といった大きな力を持った取材相手や、広告を出してくれるスポンサーに遠慮することがあります。社員には「ジャーナリストである前に組織人である」ことを求めます。

ワセダクロニクルは、志を実現するために集ったメンバーで構成されています。ジャーナリストとしての職業倫理を最優先に行動し、どんな相手にも全力でぶつかっていきます。広告は取らないのでスポンサーを気にすることもありません。

（5）「支援者は同志です」

ワセダクロニクルの記事は、寄付金で支援していただいている方々以外もみることができます。新聞なら購読料を払う必要があります。その意味では不公平かもしれません。

しかし、私たちはみなさまに「お客様」ではなく、「同志」として応援していただきたいと思っております。今の社会で何に立ち向かうべきか、みなさまと共に考え、みなさまに代わって全身全霊で取材と報道に専念します。

8．孤軍奮闘にならないために

竜宮城を脱出しワセクロを立ち上げたものの、孤軍奮闘では社会の前進は期待できない。ではどうすればいいか。私は寄付モデルを成功させることが突破口ではないかと考えている。

寄付モデルの場合、記事の対価としてお金をいただくわけではない。寄付をする人にはワセクロへの「参加費」

を払ってもらうイメージだ。

例えば、国が自治体に強制不妊の件数を競わせていたことなどワセクロが行政の蛮行を掘り起こしたシリーズ「強制不妊」。旧優生保護法のもと、障害を持っていることなどを理由に不妊手術を強いられた人たちに対し、補償金を支払う法律が2019年4月24日にできた。安倍晋三首相も「真摯に反省し、心から深くお詫び申し上げます」と被害者に謝罪した。

この場合、ワセクロの記事を無料で読んでいた人と違い、寄付をしていた人は「ワセクロの活動を支えることで事態を動かした当事者」としての実感を持てる。寄付者は、対価を通じて向き合っている「お客様」ではなく、同じ方向を向いている「同志」なのだ。

最後に、ワセクロが「買われた記事」で創刊した際、クラウドファンディングを通じて寄付をしていただいた方々の声を紹介する。ワセクロへの期待に応えるため、竜宮城を脱出した時の初志を貫徹したいと思う。

●本当のことを知るためのひとつの手段として応援します。できる限りのことを、庶民の視点から調査報道してください。選ばれた少数の人たちのためではなく、サイレント・マジョリティーのために。そして、背筋を伸ばして呼吸ができる未来のために。

●やっと日本にもこういう報道をしようという方たちが出てきたかと、感激しています。リスクの大きい事案ほど長期にわたって隠ぺいされ、一般国民への弊害も大きいと存じます。ご自愛なさりながらも、皆さまどうぞよろしくお願いいたします。

●応援しています。がんばってください！　10歳で敗戦を迎えた世代として、戦後のジャーナリズムの70年間の劣化の歩みは耐え難い。間もなく消えゆく者として、後に続く世代に頑張ってほしいので、貧者の一灯をおくります。

●日本のジャーナリズムの危機をいうだけでなく、実践を始めた皆さんに心からの敬意をお伝えします。

●丁寧で、しつこい取材をありがとうございます。ささやかですが、応援します。

●半ば政府の広報誌と化したマスコミを越えて、知られたくないこと、本当のことを、是非追及して下さい。応援しています。がんばってください！

●理念と信念だけに貫かれたジャーナリズムが確立しますように。

●久しぶりに感銘を受けた活動です。日本では新しい活動であり、今の停滞した日本に斬り込む重要な活動だと思います。みなのパワーが集まれば、大きなものも動かせると信じています。

●志と勇気に一票！　苦労の連続だと思いますが、負けずにガンバレ!!!

●国民のための調査報道を国民が支える仕組みを作るというのは非常に意義深く、挑戦的な取り組みだと思います。応援しています。

●ありがとうございます。報道の独立は僕らの命綱です。立ち上がってくれて本当に感謝です。

●このようなメディアの登場は日本ではもうあきらめていました。待ち望んでいた人は多いと思います。今は少額ではありますができる範囲で支援させて頂きます。

●身動きが取れなくなっている日本のジャーナリズムの刺激になりますように。

●就活の時、調査報道ができる環境がないと感じて別の道に進みましたが、今こうして新しい中身のある行動が始まっていることを知り、熱い気持ちが蘇ります。応援しています。

むすびにかえて

本書が生まれる端緒は、2018年5月3日にワセダクロニクルの主催で行われた「世界プレスの自由デー」記念集会における私（編者）の基調講演である。5月3日といえば、「憲法記念日」であるが、この日が「プレスの自由デー」でもあるということを私はそれまで意識したことがなかった。これは私の不勉強・不注意によるものであるが、この国のメディア自体も、この「世界プレスの自由デー」についてはあまり熱心に報道してこなかったように思う。それとも、この日はみんな「憲法を守ろう」とか「憲法改正実現」というような主張をするのに忙しくて、「プレスの自由」などという聞きなれない概念についてまで手が回らなかったのだろうか……。

私が見るところ、日本の戦後メディア史は、「言論・出版その他一切の表現の自由」などという自分たちの文化からは到底生まれ出てきそうもない異物（言うまでもなく、この規定は本来「プレスの自由」をその中核とするものである）を抱え込まされてしまった極東の国の情報部門が、戦前から続く強力な政治権力の下で「タテマエ」と「実態」のつじつま合わせを繰り返してきた「かわいそうな」歴史である。そして、そのような経緯を経て、この国のプレスの自由は異形の姿へと変貌し、「取材報道の自由」という特殊日本的な名称まで与えられて命脈を保ってきたのである。

ところが、この国のほとんどのメディア人の中に、自分たちが西欧型の「プレスの自由」の国々とは全く異なる環境の下で、ジャーナリズム（もちろん、その基盤は「プレスの自由」である）とは無関係に近い業務を遂行しているという自覚は、なぜか生まれなかった。彼らの中には、日本の「マスコミの自由」について、「実感的・実践的な」内容を盛り込んだ著作を発表しておられる方もいるが、西欧のメディア・システムをよく知る例外的な一部のメディア人の著作を除くほとんどのものは、残念ながら「ジャーナリズム論」として必要な普遍性・視界を持ちえていない。そして、そのことの問題性が十分に認識され批判されないまま、日本におけるこの研究分野は衰弱の一途をたどり、今まさに滅亡の淵にさらされているのである（ジャーナリズムなきこの国では、それが当然の帰結であるのかもしれないが……）。

話が横にそれた。本筋に戻すと、この5月3日の集会は私にとってなかなか楽しい会であった。まずそもそも、大学での講義以外、未知の人々に自分のメディア観を披歴する機会がほとんどない私である。この際だからここ数年の間、この国の状況を観察しつつ温めていた考えを思い切って喋ってやろうと思い、自分としては相当の準備をして勢い込んで当日に臨んだのである。

しかし、こんなことを言うと当日、非常においしいピザをふるまっていただき、また、てきぱきと音響の調整等を行っていただいた当日のスタッフ、ボランティアの方には申し訳ないが、飯田橋駅裏の会場に行ってみると、そこは「世界プレスの自由デー記念集会」が行われるとはとても思えないわずか20席ほどの狭い「食堂」で、私は結局、30名ほどの参加者がぎっしりと詰まったフロアからはじき出され、厨房のシンクの前で、カウンター越しに参加者に向けて喋ることになった。絵的には店のマスターが客に向かってメディア論を喋っているような状態である。

実に予想外の展開であったが、その講演の後のディスカッションは「意外にも」盛り上がった（本書では、その構成上と紙幅の都合で、その記録を割愛せざるを得なくなったことは残念なことであった）。そして、その「小さな」盛り上がりの中で、私自身、キッチンに立って、逆に落ち着いて自分の考えを語りつくすことができた。気持ちのよい時間であった。

そしてその後、この会に参加していただいた方々の中から、私の講演内容を「問題提起」と位置づけ、それをうけたメディア研究者、ジャーナリストの「返信」を一冊にまとめた本を出版しようという機運が生まれ、当日の会に参加された方々を中心にして寄稿者が決まり、彩流社に出版をお引き受けいただけることになり、というように話はトントン拍子に進んだ。当初は1年以内に出版しようと計画したが、結局２０１９年の5月3日をとうに過ぎたこの時期の刊行になってしまった。その主な原因は、本の編集に不慣れで、パソコンの操作すらおぼつかない私の作業の遅延であり、共著者の方々と彩流社、特に出口綾子氏には、大きなご迷惑をおかけしてしまった。

心よりお詫びを申し上げ、あわせて、当日のピザの件をはじめ、お世話になった多くの皆様に深く感謝する次第である。

２０１９年12月
編者

＊第１部執筆者プロフィール

西土彰一郎（にしど・しょういちろう）
1973年、福岡県生まれ。2002年神戸大学大学院法学研究科博士課程後期課程修了。名古屋学院大学経済学部講師、成城大学法学部准教授を経て、現在、同教授（専攻：憲法・メディア法）。著書・論文に『放送の自由の基層』（信山社、2011年）、「『内部的メディアの自由』の可能性」花田達朗（編）『内部的メディアの自由』（日本評論社、2013年）など。

立山紘毅（たちやま・こうき）
1959年、鹿児島生まれ、専攻は憲法・情報法。1982年鹿児島大学法文学部法学科卒業、1987年名古屋大学大学院政治学研究科単位取得退学、1989年山口大学経済学部講師着任、以後、同助教授を経て、1999年同教授、現在に至る（山口大学大学院博士課程東アジア研究科教授も兼任）。主著：『現代メディア法研究』（日本評論社、1996年）。ほか、共著書。

大石泰彦は編著者プロフィール参照。

木村英昭（きむら・ひであき）
ジャーナリスト。独立・非営利の探査ジャーナリズムNGOワセダクロニクル編集幹事。2017年に朝日新聞社を退社し、ワセダクロニクルを創刊。主著：『検証　福島原発事故官邸の一〇〇時間』（岩波書店）、『ヤマは消えても――三池CO中毒患者の記録』（葦書房）。共著：『国立公園は誰のものか――ルポ新尾瀬を歩く』（彩流社）、『三井三池炭鉱炭じん爆発事件史料集成第Ⅰ期・第Ⅱ期』（柏書房）など。受賞：朝日新聞の「プロメテウスの罠」取材班の一員として新聞協会賞と石橋湛山記念早稲田ジャーナリズム大賞受賞（2012年）。「東京電力テレビ会議記録の公開キャンペーン報道」で同早稲田ジャーナリズム奨励賞受賞（2013年）など。

花田達朗（はなだ・たつろう）
フリーランス社会科学者。東京大学名誉教授、早稲田大学名誉教授。1947年長崎県生まれ。主著：『公共圏という名の社会空間――公共圏、メディア、市民社会』（木鐸社）、『メディアと公共圏のポリティクス』（東京大学出版会）。編著：『内部的メディアの自由――研究者・石川明の遺産とその継承』（日本評論社）ほか。現在、「花田達朗ジャーナリズムコレクション・全７巻」（彩流社）が刊行中で、第１巻『ジャーナリズムの実践？主体・活動と倫理・教育１（1994～2010）』、第２巻『同２（2011～2017）』が既刊。

＊第２部執筆者プロフィール

佐藤光展（さとうみつのぶ）
ジャーナリスト。ジャーナリズムNGO「ワセダクロニクル」シニアリポーター。講談社「現代ビジネス」などで記事連載中。神戸新聞社会部で阪神淡路大震災や神戸連続児童殺傷事件を取材。2000年に読売新聞東京本社に移り、2003年から15年間医療部に在籍。菊池寛賞や日本新聞協会賞などを受賞した看板連載「医療ルネサンス」の執筆や、数々のスクープで「医療の読売」を支えた。医療サイト「ヨミドクター」で冠連載を通算4年担当。2018年1月からフリー。主著：『精神医療ダークサイド』（講談社現代新書、新潮ドキュメント賞最終候補作に選出)、『なぜ、日本の精神医療は暴走するのか』（講談社)。

辻 和洋（つじ・かずひろ）
1984年、京都府京都市生まれ。読売新聞大阪本社にて、地方部、社会部で事件や行政を担当し、科学捜査研究所鑑定資料捏造疑惑や全国公立高校PTA会費流用問題などをスクープ。東日本大震災大阪取材班第１陣として翌日から宮城県を取材。東京大学大学院学際情報学府修士（学際情報学)。武蔵野大学グローバル学部非常勤講師。公益社団法人Chance for Children運営webメディア「スタディ通信」編集長。ワセダクロニクルシニアレポーター。主な著書・論文（共著含む）に『人材開発研究大全』（東京大学出版会)、『データから考える教師の働き方入門』（毎日新聞出版）など。

木村英昭は、前ページ参照。

渡辺 周（わたなべ・まこと）
ジャーナリスト。独立・非営利の探査ジャーナリズムNGOワセダクロニクル編集長。日本テレビ退職後、朝日新聞社特別報道部などで探査報道を手がける。朝日新聞社を退社後、現職。共著に『始動！調査報道ジャーナリズム――「会社」メディアよ、さようなら』『市民とつくる調査報道ジャーナリズム――「広島東洋カープ」をめざすニュース組織』『探査ジャーナリズムとNGOとの協働』『探査ジャーナリズム／調査報道；アジアで台頭する非営利ニュース組織』（いずれも彩流社）など。ワセダクロニクルは、FCCJ「報道の自由」大賞や貧困ジャーナリズム大賞、Linked Open Dataチャレンジ Japan 2019の優秀賞(アプリケーション部門)を受賞。

＊編著者プロフィール

大石泰彦（おおいし・やすひこ）

青山学院大学法学部教授。
1961 年生まれ。関西大学助教授、東洋大学教授などを経て現職。専門分野はメディア倫理・メディア法。主著：『フランスのマス・メディア法』（現代人文社）、『メディアの法と倫理』（嵯峨野書院）。
共著：『内部的メディアの自由』（日本評論社）、『ヒューマン・ライツ教育』（有信堂）、『レクチャー現代ジャーナリズム』（早稲田大学出版部）、『エンサイクロペディア現代ジャーナリズム』（早稲田大学出版部）他。

ジャーナリズムなき国《くに》の、ジャーナリズム論《ろん》

2020年 1 月20日　初版第 1 刷

編著者　大石泰彦 ©2020
発行者　河野和憲
発行所　株式会社 彩流社
〒101-0051 東京都千代田区神田神保町3-10 大行ビル6階
電話　03-3234-5931
FAX　03-3234-5932
http://www.sairyusha.co.jp/

編　集　出口綾子
装　丁　福田真一［DEN GRAPHICS］
印　刷　モリモト印刷株式会社
製　本　株式会社難波製本

Printed in Japan　ISBN978-4-7791-2625-3　C0036
定価はカバーに表示してあります。乱丁・落丁本はお取り替えいたします。